Trauer um den Partner

9 sanfte Schritte, mit denen Sie den Tod richtig verarbeiten und nach dem schweren Verlust weitermachen

Doreen Frei

Dieses Werk einschließlich aller Inhalte ist urheberrechtlich geschützt. Alle Rechte und Übersetzungsrechte vorbehalten. Nachdruck oder Reproduktion (auch auszugsweise) in irgendeiner Form, sowie die Einspeicherung, Verarbeitung, Vervielfältigung und Verbreitung mit Hilfe elektronischer Systeme jeglicher Art, gesamt oder auszugsweise, ist ohne ausdrückliche schriftliche Genehmigung des Verlages untersagt. Alle Namen und Personen sind frei erfunden und Zusammenhänge mit real existierenden Personen sind rein zufällig. Alle Inhalte wurden unter größter Sorgfalt erarbeitet. Der Verlag und der Autor übernehmen jedoch keine Gewähr für die Aktualität, Korrektheit, Vollständigkeit und Qualität der bereitgestellten Informationen. Druckfehler und Falschinformationen können nicht vollständig ausgeschlossen werden.

Inhaltsverzeichnis

Einleitung 1

Die Vorbereitung auf den Abschied 5
   Den Verstorbenen und sich selbst
   einen großen Gefallen erweisen 5
   Der Anblick eines toten Menschen 7
   Individualität in Beerdigung und Grabgestaltung 8
   Zusammenfassung: Die Gelegenheit zum
   Abschied wahrnehmen! 10

Der Verlust 11
   Der Verlust im Rahmen von Vergangenheit,
   Gegenwart und Zukunft 11
   Begräbnis und Trauerbekundungen
   sind vorbei – was nun? 17
   Gefühle und deren Bedeutung 22
   „Erste Hilfe" für nach dem Trauerfall 36
   Zusammenfassung: Erinnerungen bewahren, Nähe
   spüren und Zukunft wahrnehmen! 40

Was ist Trauer? 43
   Über das Fehlen geliebter Menschen 43
   Phasen der Trauer 45
   Symptome der Trauer 52
   Zusammenfassung: Der Weg führt über eine
   Akzeptanz der Trauer! 58

Neun Wege zur Trauerüberwindung 61

1. Schritt: Fotografien und Videos 62
2. Schritt: Erinnerungsfeiern 67
3. Schritt: Aufarbeitung 72
4. Schritt: Abstand 76
5. Schritt: Rituale 79
6. Schritt: Lehrreiche Geschichten 83
7. Schritt: Wandel 95
8. Schritt: NLP 98
9. Schritt: Sich wieder Lieben erlauben 102
Der Tod – Durch einfache Worte entzaubert 106
Zusammenfassung: Flexibilität als Schlüsselgröße 109

Das neue Leben dankbar wahrnehmen 111
 Keinen Platz der Angst! 111
 Wie gestalte ich meinen weiteren Lebensweg? 113
 Nehmen Sie sich Zeit – zum Denken, zum Handeln –
 und tun Sie alles mit positiver Einstellung! 115
 Zusammenfassung: Leben Sie ein Leben mit neuen
 Bestimmungen und Erfahrungswerten! 117

Schlusswort 119

Quellen 123

Einleitung

Dieser Ratgeber unterstützt Sie dabei, nach dem Ableben Ihres geliebten Partners einen Zugang zum Leben zu finden. Eine wichtige Komponente dabei ist, die Trauer zu überwinden und durch die positiven Dinge zu ersetzen, die seit dem Eintritt Ihres Partners in Ihr Leben passiert sind. Im Zuge der Trauer neigen einige Menschen dazu, diese positiven Dinge aus dem Blick zu verlieren. Wir werden gemeinsam einen Weg finden, behutsam in Ihrem Tempo die Trauerüberwindung anzugehen. Dabei ermutigt Sie dieses Buch dazu, Ihren eigenen Weg zu finden, um mit der Trauer klarzukommen. Trotz all der ermutigenden Werke, Zitate und Erfahrungsberichte gibt es beim Thema *Tod und Trauerverarbeitung* kein Patentrezept, welches sich zur Trauerüberwindung nutzen lässt. Doch seien Sie sich einer Sache gewiss: Das, was Sie an Trauer empfinden – ob es komplette Ungläubigkeit, Wut, Sehnsucht, Angst oder anderweitige Emotionen sind – ist völlig normal und fester Bestandteil eines Trauerprozesses.

Dieser Trauerprozess ist insbesondere bei dem Tod des Partners schmerzhaft, da mit dem Partner in der Regel alle drei zeitlichen Ebenen wegbrechen: Gegenwart, Zukunft und langsam auch die Erinnerung an die Vergangenheit. Sie verlieren sich in diesen drei zeitlichen Ebenen, die von Ihrem Partner geprägt waren bzw. im Falle der Zukunft von einem gemeinsamen langen Leben geprägt werden sollten. Eventuell haben Sie das Glück, lange mit Ihrem Partner gelebt und diesen erst in einem hohen Alter verloren zu haben. In diesem Fall ist die verlorene Zukunft das geringere

Problem, aber dafür umso mehr die lange Vergangenheit, die zahlreiche faszinierende Erinnerungen hervorgebracht hat. Erinnerungen sind meistens die schmerzhafteste Komponente. Die Erinnerungen – all das gemeinsame Lachen, Reden, Handeln – verdeutlichen Ihnen, welch einen Verlust Sie durch den Tod Ihres Partners erlitten haben. Aus diesem Grund verdrängen Personen die Trauer und Emotionen. Sie sagen, sie müssten stark sein und „funktionieren"; für die Arbeit, für die Familie, für so viele andere Dinge. Doch das ist das Problem: Wir Menschen sind nicht immer stark. Auch müssen wir nicht immer funktionieren. Wir sind auch gar nicht in der Lage dazu. Das, was uns auszeichnet, ist unsere Menschlichkeit, wozu die Trauer mit all ihren Emotionen gehört – und den wundervollen Erinnerungen, die Ihnen nichts und niemand nehmen wird!

Sie werden in diesem Buch für Ihren individuellen Fall – ob nach einer langen oder kurzen, einer innigen oder distanzierten Beziehung – Ratschläge erhalten, die Ihnen mehrere Perspektiven bei der Trauerüberwindung und der Akzeptanz des Todes Ihres Partners eröffnen. Bei allen Erkenntnissen, die Sie im Zuge dessen machen werden, wird die wichtigste jedoch zweifelsohne sein, wie wichtig andere Menschen sind. Schließlich zeigt der Verlust eines Menschen durch den Zusammenschluss der Menschen, die um ihn trauern, dass wir weit mehr als ein einzelnes Rad im Wind der Zeit sind. Es geht um das Kollektiv, also um das Zusammensein mit anderen Menschen. Ein solches Kollektiv, wie Sie es mit Ihrem Partner waren, können Sie sich im Herzen bewahren, indem Sie mit anderen Menschen gemeinsam Ihres Partners gedenken. Die Zeit heilt *nicht* alle Wunden. Sie verbirgt die Wunden bestenfalls, während sie im Unterbewusstsein in Ihnen schlummern und leichte Nadelstiche setzen, die im Laufe der Jahre und Jahrzehnte immer stärker werden. Was die Wunden heilt, ist das Reden, das Mitteilen, das Gedenken sowie das Weiterleben, um durch Ihre Taten die Botschaften, Glaubenssätze und Wünsche Ihres Partners in dem von Ihnen als sinnvoll erachteten Rahmen fortzuführen. Wenn Sie dies tun, dann werden Sie, wie es Ihr Partner für Sie gewollt hätte, Ihre Zukunft gestalten und ihn permanent bei sich im Herzen tragen. Sie werden eine Zukunftsplanung aufnehmen, die nicht daraus besteht, in Trauer zu versinken und das kostbare Leben samt Chance auf die Liebe zu verspielen, sondern sich zum Ziel setzt, ihre bisher unerfüllten Wünsche zu leben, sei es zu Reisen, eine Familie zu gründen, Kinder auf die Welt zu bringen oder – falls Sie bereits im hohen Alter sind – das Leben mit Ihrer Familie zu verbringen, sich zu entspannen und zu belohnen.

Begeben Sie sich daher mit diesem Ratgeber auf eine Reise durch die Welt der Erinnerungen und Zukunftsplanungen, in der zahlreiche Schätze für Sie schlummern und nur darauf warten, geöffnet zu werden – mal mit einem Lachen, mal mit einem Weinen, doch immer mit dem Bewusstsein, dass Sie das Richtige tun, um Schritt für Schritt die Trauer zu überwinden und ein derart glückliches Leben zu führen, wie Ihr Partner es sich für Sie gewünscht hätte. Bei dieser Reise entscheiden Sie, was Sie machen und in welchem Tempo Sie vorgehen. Allerdings werden Sie schnell merken, dass es hier nicht nur um Sie geht. Dieser Ratgeber betrifft Ihr gesamtes Umfeld und das Leben an sich. Es animiert dazu, Blickwinkel zu ändern, neue Perspektiven zu erschließen und über den eigenen Schatten zu springen. Was von diesen Dingen Sie tun, liegt ganz bei Ihnen. Aber gehen Sie unvoreingenommen in diesen Ratgeber hinein, der Ihnen im ersten kurzen Kapitel einige Ratschläge gibt, wie Sie sich von Ihrem Partner verabschieden können, falls die Beerdigung noch aussteht. Die Folgekapitel stehen ganz im Zeichen des langfristigen Trauerprozesses nach der Beerdigung. Hier erfahren Sie, dass all die Emotionen, die Sie fühlen, völlig normal sind und zum Verlust eines Menschen dazugehören. Sie sind bei allen Menschen vorhanden, nur in individuellen Ausprägungen und mit einer individuellen Dauer.

Damit dieser Ratgeber Ihnen eine möglichst einfache Hilfe in schweren Zeiten ist, enthält er Boxen, die bestimmten Zwecken dienen und Wichtiges hervorheben:

- ❖ Die Box *Aus dem Leben anderer …* teilt mit Ihnen, reale Lebensgeschichten von Menschen, die ebenfalls trauerten und Lösungen fanden, mit der Trauer umzugehen.
- ❖ Die Box *Hinweis!* unterstreicht die wichtigsten Aspekte eines Themas, damit Sie die Informationen richtig auffassen und die größte Kraft aus dem Gesamtkontext schöpfen.
- ❖ Die Box *Übung!* liefert Ihnen konkrete und praktisch umsetzbare Methoden, um sich gewisser Erkenntnisse bewusst zu werden und die Trauer zu verarbeiten.

Es sei ein letztes Mal betont, dass Sie entscheiden, inwieweit Sie sich mit den Inhalten dieses Buches auseinandersetzen. Fassen Sie Ratschläge als Hilfestellung auf, aber finden Sie Ihre eigenen Zugangswege. Ist Ihnen eine Methode nicht lieb, dann überspringen Sie diese vorerst und lesen Sie einige Tage, Wochen oder Monate später in diese Methode hinein. Denn mit der Trauer verhält es sich so: Sie ist komplett unberechenbar und von Minute zu Minute wandelbar.

Dieses Buch liefert Anreize, damit Sie Ihren Weg finden, die Erinnerungen in Ihr Herz zu schließen und mit Zukunftswünschen sowie -planungen ein erfülltes Leben zu führen. Nicht mehr, aber auch nicht weniger, gedenkt dieses Buch zu tun. Mögen Sie Ihren Weg in den folgenden Kapiteln finden.

Die Vorbereitung auf den Abschied

Dieses Kapitel ist für Leser hilfreich, die die Beerdigung und deren Organisation noch vor sich haben. Es liefert keine Ratschläge zur Begleitung der sterbenden Person, sondern setzt im Beerdigungsinstitut an, wenn es darum geht, die bereits verstorbene Person zu besuchen. Ein Besuch und der Anblick eines Leichnams bereiten insbesondere Personen, die noch nie einen leblosen Körper gesehen haben, Angst. Dieses Kapitel bemüht sich, zu einem Besuch des Verstorbenen zu ermutigen, und gibt Ratschläge, wie vielfältig ein Abschied von Verstorbenen ausfallen kann. Im Nachhinein sind meist alle Betroffenen dankbar dafür, die Gelegenheit auf ein letztes Wiedersehen mit der toten Person wahrgenommen zu haben. Im Hinblick auf die Trauerverarbeitung ist es keine notwendige, aber eine äußerst hilfreiche Komponente.

Den Verstorbenen und sich selbst einen großen Gefallen erweisen

Viele Lebensgeschichten erzählen von Personen, die sich selbst liebevoll um den Leichnam im Beerdigungsinstitut kümmerten und auf die Bestattung der jeweiligen Person vorbereiteten. Solche authentischen Lebensgeschichten werden den Lesern allem voran in den Werken *Nimm den Tod persönlich* (Roth & Schwikart, 2009) und *Das letzte Hemd hat viele Farben* (Bode & Roth, 2018) nahegebracht. Sie werden im weiteren Verlauf dieses Buches an passender Stelle einige ausgewählte Lebensgeschichten in Kürze geschildert bekommen.

Beide Bücher und die darin enthaltenen Berichte aus dem Leben haben gemeinsam, dass im Nachhinein jede der Personen dafür dankbar war, wenn sie die Gelegenheit zur Vorbereitung des Leichnams bekommen und wahrgenommen hatte.

Aus dem Leben anderer ...

Genau diesen kalten und leblosen Körper mussten Daniel und Katrin Lambert ertragen, als ihr Sohn Paul im Alter von drei Monaten an *Plötzlichem Kindstod* starb. Sie waren untröstlich und zunächst außerstande, das Geschehene zu begreifen. Doch die amtlichen Angelegenheiten führten dazu, dass sie keine Wahl hatten, als sich der Vorbereitung der Bestattung und der Trauerfeier zuzuwenden. Die Trauer in sich, folgten Telefonate, Behördengänge und Ungewissheiten, da der Körper des Sohnes bei der Kriminalpolizei mehrere Tage verweilte und keine Rückmeldung erfolgte. Nachdem der Körper verfügbar war, waren die Eltern zunächst überfordert, doch sie entschieden sich, einen für einige mutigen und anrührenden, für andere möglicherweise verstörenden Weg zu gehen: Sie bereiten den Leichnam ihres Sohnes komplett eigenständig für die Beerdigung vor – vom ersten Blick auf den wachsweißen Körper, der beide schockierte, bis hin zu einem bewegenden Programm, welches ihren kleinen Paul mit allem Erdenklichen für den Übergang ins Himmelreich ausstattete! Die Mutter verpackte ihn in eine selbstgestrickte und warme Kleidung, der Vater stattete den Sarg mit selbst gezupfter Wolle aus und die dreijährige Schwester von Paul war ebenfalls dabei; sie schrieb ihm einen Brief. Rückblickend betrachten die Eltern die Maßnahme, sich um Paul gekümmert zu haben, als die einzig richtige. Es gab ihnen die Gelegenheit, gemeinsam zurückzublicken auf das, was Paul der Familie an Glück beschert hatte; seit der Schwangerschaft bis zum Ende seines dreimonatigen Lebens. Sie blicken lächelnd darauf zurück, wie sie ihn an jenem Tag komplett auf die Beerdigung vorbereitet hatten. Hingebungsvoll und liebevoll hatten sie alles gemacht, was getan werden konnte, um sich von ihrem Sohn zu verabschieden.

Ebenso gibt es weitere Geschichten, wie die von Jutta Maiberg, die Sie in den Folgekapiteln kennenlernen werden. Sie hatte den Leichnam ihres Mannes vorbereitet und gewaschen. Als der Zeitpunkt der Beerdigung gekommen war, hatte sie nach eigener Aussage als einzige unter sämtlichen Personen keine Angst, weil sie ihren Abschied bereits vollzogen hatte.

Diese Geschichten sind ein Appell, sofern die Möglichkeit gegeben ist, die Chance zum Abschied bereits vor der Beerdigung wahrzunehmen. Auch wenn dies am Anfang des Trauerprozesses unmöglich erscheint, hilft diese Maßnahme bei der Akzeptanz des Todes eines geliebten Menschen. Es besteht kein Zwang dazu, Sie werden auch auf anderem Wege der verstorbenen Person alle Ehre und Liebe erweisen können. Doch es ist ein unvergleichliches Geschenk, die Gelegenheit zu bekommen, sich auf diesem Wege zu verabschieden.

Der Anblick eines toten Menschen

Der Anblick eines toten Menschen wird von jeder Person individuell wahrgenommen. Jedoch ist beim ersten Mal meistens Angst vorhanden. Es ist die Angst vor dem Ungewissen. Diese Angst verfliegt in der Regel mit dem ersten Anblick des Toten aus der Ferne, sobald der Raum betreten wird. Stattdessen breitet sich eine gewisse Zaghaftigkeit aus, sich zu nähern. Die Zaghaftigkeit ist dem ungewohnten Anblick der Person geschuldet. Der leblose Anblick löst allmählich in den Trauernden etwas aus, was sich schwer in Worte fassen lässt: Unumwunden tritt eine Nachdenklichkeit ein, die bei jeder Person andere Ausprägungen annimmt. Während die einen nach wie vor ungläubig sind, sehen die anderen die leblose Hülle vor sich liegen, die zeigt, dass der Tod eingetreten und unwiderruflich ist – letzteres ist ein wichtiger Beitrag, der den Trauerprozess, der nach der Beerdigung fortdauern wird, wirkungsstark unterstützt. In jedem Fall wird bei einer längeren Auseinandersetzung mit dem Leichnam eines nicht zu leugnen sein: Die Ruhe, die die Person ausstrahlt.

Auf diesen ruhigen Anblick werden Sie im Rahmen Ihres Trauerprozesses noch zurückkommen. In den vielen

Emotionen, die sich untermischen werden, wird Sie das Bild der verstorbenen Person begleiten. Es wird Sie aber nicht als Belastung begleiten, sondern als ein Beweis dafür, dass die Person ihren Frieden gefunden hat. Mehr soll an dieser Stelle nicht gesagt werden, da es dafür noch zu früh ist und es dem Trauerprozess vorausgreifen würde.

Einzig und allein folgende Gewissheit ist aus den letzten Abschnitten hervorzuheben: Tote Menschen strahlen eine Ruhe aus, die Sie kurzfristig und daraufhin auch längerfristig im gesamten Trauerprozess dabei unterstützt, den Tod zu akzeptieren. Bereits der bloße Anblick des Leichnams ist eine Komponente des Abschieds von der Person, die Sie im Nachhinein Ihr ganzes Leben lang nicht bereuen werden.

Individualität in Beerdigung und Grabgestaltung

Jeder Mensch ist einzigartig. Ebenso, wie sich dies im Leben ausdrückte, kann es sich in der Ausrichtung der Beerdigung samt Trauerfeier und der Grabgestaltung äußern. Die Individualität des Menschen sollte sich sogar in diesen Komponenten äußern! So wird ein Andenken geschaffen, welches an den Menschen erinnert und diesem gefallen hätte.

Während Standardgrabsteine und mittlerweile sogar anonyme Beerdigungen häufig Anwendung finden, existieren mit personenbezogenen Grabsteinen und einer nichtanonymen Beerdigung zwei Maßnahmen, um der Person im Verlaufe der Jahre und Jahrzehnte angemessen zu gedenken. Das Problem bei einer anonymen Beerdigung ist, dass keine fest definierte Gedenkstätte vorhanden ist. Die meisten Angehörigen bereuen die Entscheidung für eine solche Beerdigung im Nachhinein. Sie beantragen häufig eine Exhumierung, um zu erfahren, wo Sie hingehen können, wenn Sie mit dem Verstorbenen sprechen möchten. Zwar ist der Beerdigungsort nicht die Stelle, an der der Verstorbene verweilt, da dort nur der Körper liegt. Doch der Ort der Beerdigung fungiert als eine zentrale Begegnungsstätte, die auch in 20, 30 und mehr Jahren noch für Sie und/oder weitere Angehörige wichtig sein wird. Deswegen ist es wichtig, zu wissen, wo die verstorbene Person begraben liegt. Ein personenbezogenes Grabmal sorgt dafür, dass sich in der Grabgestaltung widerspiegelt, wer die verstorbene Person war. Es hat etwas Befriedigendes, den Grabstein so gestalten zu lassen, dass sich darin bestimmte charakterliche Eigenschaften oder andere Merkmale der verstorbenen Person widerspiegeln. So können Sie stolz darauf blicken, dass die Ideale, Erfolge oder andere wichtige Dinge dieser Person über den Tod hinaus bestehen bleiben. Auch Außenstehenden und anderen Friedhofsbesuchern fällt auf diesem Wege auf, was für ein Leben die Person geführt hatte.

Ebenso wichtig wie der Ort und die Gestaltung des Grabes ist die Beerdigung mit der Trauerfeier an sich. Es existieren Spielräume dazwischen, die Beerdigung entweder bescheiden durchzuführen oder einen großen Anlass daraus zu machen, z. B. mit musikalischer Live-Begleitung auf dem Piano. Es verschafft den Trauernden im Nachhinein die größte Erleichterung, wenn die Beerdigung nach den Maßstäben des Verstorbenen ausgerichtet wird:

- ❖ Mochte es die Person pompös oder war sie eher bescheiden? Im ersten Fall ist ein großer Anlass samt Live-Musik angebracht, im letzten Fall eher eine schlichte Feier mit dafür umso stärker bewegenden Reden der Anwesenden.
- ❖ War die Person eine Frohnatur oder stets ernsthaft? Im ersten Fall empfiehlt sich eine Feier mit positiver Untermalung, die sogar entgegen der Konvention farbenfroh sein darf, im letzten Fall eine traditionelle Trauerfeier.
- ❖ Ist die Person gern gereist und hat einige Orte noch nicht besucht? Dann bietet sich eine Reise mit der Asche der Person im Gepäck an, die an verschiedenen Reiseorten verstreut wird.

Die eigene finanzielle Situation und die persönliche Belastbarkeit grenzen den Rahmen der Möglichkeiten ein oder schaffen Freiräume. Was zur persönlichen Belastbarkeit zu konstatieren ist, ist die Tatsache, dass – sobald erst begonnen wurde – die Organisierung einer Beerdigung und die Planung einer Grabgestaltung, die sich beide komplett nach dem Willen des Verstorbenen richten, auf lange Sicht den Umgang mit der Trauer vereinfachen werden. Sogar kleinste Maßnahmen sind Balsam für die eigene Seele und heilen Wunden, die die Trauer reißt.

Zusammenfassung: Die Gelegenheit zum Abschied wahrnehmen!

Wer den Leichnam eines verstorbenen Menschen sieht, wird nachdenklich. In diese Nachdenklichkeit schleichen sich diverse Emotionen ein, die je nach Person unterschiedlich ausfallen. Mag es in dem Moment des Besuchs und auch Tage bis Wochen danach noch belastend sein, die geliebte Person so zu sehen, so werden Sie auf lange Sicht zufrieden sein, die Chance zum Abschied wahrgenommen zu haben. Was dem Trauerprozess vorausgreift und die Kontrolle über die eigenen Emotionen optimiert, ist die persönliche Vorbereitung der Beerdigung, wozu der Leichnam und die Grabgestaltung gehören. Sie haben die Chance, sich einen Tag intensiv der Person zu widmen, die Sie so sehr geliebt haben und den Leichnam gemeinsam mit anderen Nahestehenden oder allein zu waschen, ihn einzukleiden und aus dem kalten einen wärmeren sowie friedvolleren Körper zu machen. Dies ist eine Erfahrung, die viele Menschen bereits machen durften: Anfangs noch voller Angst, vor Ort geschockt vom Anblick der Person und überfordert durch die eigenen Emotionen, haben sie den Tag eindrucksvoll gemeistert und im Laufe des Tages immer mehr den Frieden gefunden mit dem, was geschehen war. Mit einem personenbezogenen Grabmal gelingt es Ihnen, über mehrere Jahrzehnte ein zu der verstorbenen Person und deren Leben passendes Denkmal zu schaffen. Letzten Endes entscheiden Sie, wie weit Sie gehen. Die Wege, dem Verstorbenen eine Ehre zu erweisen und die Trauer zu verarbeiten, reichen weit. Sie fangen idealerweise mit einem persönlichen Abschied an, so, wie er in diesem Kapitel beschrieben wurde.

Der Verlust

Mit diesem Kapitel eröffnen wir den Zeitabschnitt nach der Beerdigung und Trauerfeier. Es handelt sich um eine Phase, in der man sich des Verlusts zunächst nicht bewusst werden will: Die Person, die man so sehr geliebt hat, soll nun plötzlich weg sein? Ein großes Stück Vergangenheit, Gegenwart und Zukunft geht zusammen mit dem gestorbenen Partner verloren. Dass dies zunächst jenseits jedweder Vorstellungskraft liegt, ist absolut normal. Denn was der Verstand des Menschen verarbeiten kann, muss die Emotionswelt nicht zwingend ebenso verarbeiten können. Dies liegt in der Natur eines jeden Menschen. Doch mit der Zeit wird klar, dass der Verlust tatsächlich eingetreten ist. Dann wird es wichtig, sich eine Auszeit zu nehmen – sofern dies möglich ist – und sich dem persönlichen Emotionschaos zu widmen. Im Trauerprozess regulieren sich die Emotionen allmählich und eröffnen die Perspektiven auf ein neues Leben im Glück. Aber gehen wir die Schritte zunächst behutsam gemeinsam.

Der Verlust im Rahmen von Vergangenheit, Gegenwart und Zukunft

Der Verlust eines Partners ist dahingehend ein besonders schwerer Schlag, dass er das Potenzial hat, alle drei zeitlichen Ebenen zu betreffen: Die Vergangenheit, die man gemeinsam verbracht hat, indem Sie dieser nachtrauern. Die Gegenwart, da Sie plötzlich allein sind. Die Zukunft, weil Sie gemeinsam geplante Vorhaben nicht mehr zusammen in die Tat umsetzen können. Für all diese Fälle gibt es Wege, um die Trauer zu verarbeiten und gegen den Verlust anzugehen. Sie werden zahlreiche dieser Wege im weiteren Verlauf kennenlernen, doch zunächst machen wir die ersten Schritte – langsam und gemeinsam, um Sie Ihrem Partner und dem Leben mit ihm emotional und in der Vorstellung näher zu bringen ...

Verlieren Personen ihre eigenen Eltern, wenn sich diese im hohen Alter befinden, ist es vom Grundlegenden her einfacher, den Tod kognitiv und emotional zu verarbeiten. Sie akzeptieren es, wenngleich die Trauer groß ist. Sie hatten eine fantastische Vergangenheit, aber sofern sich Ihre Eltern in hohem Alter befanden, war gewiss, dass sie in naher Zukunft fortgehen würden. So ist der Lauf der Dinge. Doch beim Partner ist dies anders, weil dessen Tod zum jetzigen Zeitpunkt meistens keine Normalität ist.

Wieso die gemeinsame Gegenwart immer verloren geht ...

Eine zeitliche Dimension geht immer verloren: Die Gegenwart. Ihr Partner war eben noch da. Plötzlich ist er weg. Diese Tatsache ist dafür verantwortlich, dass Sie am Anfang Ihrer Trauer stets ungläubig sein werden. Lethargie und depressive Stimmungszustände sind das Zeichen jeder ersten Trauerphase; ob nach dem Tod eines Elternteils, eines Freundes, eines Kindes oder eines Partners. Dies erkennen auch Psychologen und geben der ersten Trauerphase die Bezeichnung „Nicht-Wahrhaben-Wollen".

Ist Ihre Trauer noch jung, dann werden Sie keinen Antrieb verspüren. Jeder Mensch mag individuell trauern, doch sind die Phasen, die durchlaufen werden, im Großen und Ganzen gleich. An erster Stelle steht dabei die Lethargie; eine der Depression ähnliche Lethargie. Lassen Sie diese zu: Wenn Sie sich morgens nicht zu gewohnter Zeit aus dem Bett hieven können, dann bleiben Sie eben bis zum Mittag darin liegen. Möchten Sie nicht nach draußen und lieber daheim eingeschlossen bleiben, dann tun Sie dies. Sofern Sie keine Lust haben, das Geschirr zu waschen oder den Haushalt in Schuss zu halten, dann nehmen Sie davon Abstand. Die Phase dieser depressiven Verfassung ist normal und Sie fühlen genauso, wie es andere Menschen in Ihrer Situation tun – eventuell bloß intensiver oder weniger intensiv. Erfahrungsgemäß hört diese Phase von selbst auf. Sie können dazu beitragen, dass diese Phase möglichst schnell aufhört, indem Sie …

- ❖ … die Vorhänge aufmachen und Licht reinlassen, da Licht Hormone ausschüttet, die zur Wachheit und Aktivität animieren. Die Stimmung wird zumindest minimal aufgehellt.
- ❖ … Ihrem Körper auf verschiedenen Wegen Komfort und Wärme spenden. Machen Sie es sich gemütlich und essen Sie wenigstens einmal täglich eine warme Suppe. Körper und Psyche weisen eine enge Verbindung auf.
- ❖ … Leute zu sich kommen lassen. Mitmenschen sind wichtig, und zwar im gesamten Trauerprozess. Sie müssen die Menschen in der Phase des Schocks und der Lethargie nicht selbst aufsuchen, aber lassen Sie sie zumindest vorbeikommen.

Diese Maßnahmen fördern einen Austritt aus der Phase der Lethargie. Dann werden Sie in der Lage sein, die Emotionen wahrzunehmen, einzuordnen und zu verarbeiten. Es wird ein langer Prozess sein, aber er wird mit dem Ende der depressiven Verfassung beginnen. Was dann kommt, wird Gegenstand der weiteren Abschnitte dieses Kapitels sein.

Wenn die gemeinsame Zukunft verloren geht …

Sind Sie erst kurze Zeit zusammen gewesen oder hatten bei einer längeren Beziehung nur wenig Zeit füreinander, da berufliche oder andere Pflichten im Wege standen, vereint sie die Vergangenheit eher weniger mit dem Partner. Doch nur, weil sie weniger gemeinsame Erinnerungen haben, bedeutet dies nicht, dass die Trauer auch geringer ist. Trifft eine kurze oder junge Partnerschaft auf Sie zu, dann werden Sie allem voran den Verlust der Gegenwart sowie Zukunft betrauern. Möglicherweise erinnern Sie sich noch daran, was Sie mit Ihrem Partner alles vorhatten:

- ❖ Sie wollten Kinder bekommen und diese gemeinsam zu wundervollen Erwachsenen aufziehen, die die Familie ihrerseits um weiteren Nachwuchs bereichern.
- ❖ Große Pläne für Erkundungstouren oder Urlaubsreisen rund um den ganzen Globus waren geschmiedet.
- ❖ Liebesrituale und regelmäßige gemeinsame Interessen standen auf dem Plan; Interessen, die Sie beide gemeinsam neu ausprobieren wollten, wie z. B. Tanzen.

Dies sind einige Anreize. Sicher werden Sie Ihren eigenen Film und eigene Gedanken im Kopf haben. So schmerzhaft es sein mag: Es ist gut, diese Gedanken zuzulassen. Lassen Sie mit diesen Gedanken ebenso die Emotionen zu, die in Ihnen hochkommen. Es ist gut, wenn Sie darüber nachdenken und sprechen, denn die Sehnsucht nach der Zukunft mit Ihrem Partner wird später zu der Motivation werden, eine eigene Zukunft zu gestalten.

> **Übung!**
> Schreiben Sie sich all die Pläne auf, die Sie mit Ihrem Partner hatten. Nehmen Sie ein Blatt Papier und seien Sie so detailliert wie möglich. Wenn Sie etwas vorhatten, dann erwähnen Sie zusätzlich, **wie** Sie es vorhatten. Falls es Ihnen zu sehr weh tut, alles an einem Abend oder in einer Sitzung aufzuschreiben, weil Ihnen der Verlust zu sehr ins Gedächtnis gerufen wird, dann schreiben Sie jeden Tag nur eine Sache auf. Im Idealfall haben Sie nach fünf bis zehn Tagen eine Liste der Dinge zusammen, die Ihre gemeinsame Zukunft mit dem Partner prägen sollten. Falten Sie diese Liste und legen Sie sie an einen sicheren Ort, denn Sie werden im Laufe dieses Buches und mit fortschreitendem Trauerprozess eventuell auf diese Liste zurückkommen wollen.

Die geschilderte Vorgehensweise hilft Ihnen, einen Weg zu finden, diese Dinge mit Ihrem Partner zusammen zu erleben – auf eine ganz spezielle Weise. Sie können es sich noch nicht vorstellen, aber das wird noch kommen ... Zunächst gehen wir Schritt für Schritt vor, bis sich die Dinge fügen werden.

Wenn die gemeinsame Vergangenheit verloren geht ...

Die Vergangenheit geht immer dann verloren, wenn Sie auf eine lange gemeinsame Zeit mit Ihrem Partner zurückblicken können. „Lange gemeinsame Zeit" meint dabei nicht zwingend eine bestimmte Zeitspanne, sondern allem voran die Intensität des Gemeinsam-Seins. Eine Beziehung, die zwei Monate dauert, ist manchmal erfüllter als eine Beziehung, die zwei Jahre oder noch länger dauert. Wie intensiv und wie „lang" die Beziehung und somit die gemeinsame Zeit war, bestimmt letzten Endes die Menge der Erinnerungen im Rahmen der Beziehung. Haben Sie viele Erinnerungen, geht eine gemeinsame Vergangenheit verloren. Während Sie wahrscheinlich jetzt noch primär den Verlust vor Augen haben, werden Sie mit der Zeit merken, dass es nicht nur ein Verlust ist. Denn dadurch, dass Sie sich die Erinnerungen an die gemeinsame Zeit bewahren, profitieren Sie: Sie werden Ihr ganzes Leben lang einen Schatz mit sich tragen, der Ihnen in jeder Zeit eine Stütze sein wird.

> **Übung!**
> Notieren Sie auf einem Blatt Papier sämtliche Erinnerungen an die gemeinsame Zeit: Vom ersten gemeinsamen Essen über die intimsten und innigsten Momente bis hin zu gemeinsamen Lachern und vielem mehr! Schreiben Sie zusätzlich auf, was Ihnen die jeweilige Erinnerung bedeutet. Es gilt – wie schon bei der letzten Übung – in einem Tempo vorzugehen, welches Ihnen zusagt. Ob Sie an einem Abend oder auf fünf Abende verteilt oder erst in fünf Wochen die Erinnerungen aufschreiben, ist Ihnen überlassen. Es ist für Sie allerdings wichtig und bereichernd, es überhaupt zu machen. Sie werden in Zukunft mit Stolz darauf blicken und jede Erinnerung behalten.

Was jetzt noch wehtut, wird Ihnen in Zukunft leichter fallen: Über Erinnerungen sprechen oder derer gedenken. Nun stellen Sie sich vielleicht die Frage, wieso Sie sich dann nicht einfach später – wenn es leichter ist – mit den Erinnerungen auseinandersetzen können. Der Grund ist der folgende: So intensiv wie jetzt werden Ihre Erinnerungen später nicht sein, weil die zeitliche und emotionale Distanz zunehmen werden. Jetzt ist der Moment, um alle gedanklichen Reichtümer aus Ihrer Beziehung festzuhalten. Darüber hinaus ist gewiss, dass es emotional für Sie nicht leichter werden wird, wenn Sie die Gedanken verdrängen. Um die Trauer zu überwinden und ein erfülltes Leben ohne Ihren verstorbenen Partner zu führen, werden Sie sich die Erinnerungen vor Augen führen müssen – lassen Sie sich Zeit und beginnen Sie allmählich damit. Es wird alles gut.

Begräbnis und Trauerbekundungen sind vorbei – was nun?

Von dem Tod des Partners an bis hin zu dem Ende der Trauerfeier samt Begräbnis ist die Zeit fordernd und belastend. Zwar erhalten Sie mit den Vorbereitungsmaßnahmen sowie der Trauerfeier – wie Ihnen das erste Kapitel zeigte – die Gelegenheit, sich von Ihrem Partner zu verabschieden und dem Trauerprozess entscheidend vorauszugreifen. Doch die Anstrengung der Organisation und die begrenzten Möglichkeiten zur emotionalen Verarbeitung lassen sich nicht leugnen. Haben Ihnen diese Anstrengungen zugesetzt? Dann gönnen Sie sich spätestens nach der Trauerfeier eine Auszeit. Sofern dies möglich ist ...

Zwischen dem Bedürfnis nach einer Auszeit und Verpflichtungen

Zugegebenermaßen haben nur wenige Personen die Freiheit, nach der Trauerfeier mehrere Tage bis zu zwei Wochen komplett aus dem gewöhnlichen Alltag auszusteigen und sich nur der Trauerverarbeitung zu widmen. Dieser Abschnitt befasst sich mit Ihren Möglichkeiten, Zeit für die Trauerverarbeitung zu finden, falls Sie durch Verpflichtungen zeitlich eingegrenzt sind.

> **Hinweis!**
> Der grundsätzliche Gedanke einer Auszeit nach der Trauerfeier wird Ihnen im nächsten Zwischenabschnitt vorgestellt. In dieser Box sei vorab nur erklärt, dass es sich um eine Zeitspanne handeln soll, in der Sie sich wirklich rein der Trauerverarbeitung widmen – keine Arbeit, keine familiären Verpflichtungen, keine Stressfaktoren.

Es gibt Situationen und Lebensphasen, in denen keine Gelegenheit vorhanden ist, sich eine Auszeit zu nehmen:

- ❖ Sie haben Kinder, die in einem Alter sind, in dem sie ihre Mutter benötigen, oder Kinder, die selbst von der Trauer überfordert sind und eine starke Person an ihrer Seite benötigen.
- ❖ Aufgrund eines eigenen Unternehmens oder einer beruflichen Selbstständigkeit haben Sie umfassende Verantwortung, die Sie nicht an andere Personen abtreten können.
- ❖ Eine Person in Ihrem Umfeld benötigt noch dringender Unterstützung als Sie, weil sie z. B. schwerkrank ist.

Sofern Sie sich in einer ernsten Situation wie dieser oder in einer vergleichbaren Situation befinden, dann sind Sie bestens damit beraten, Ihren Verpflichtungen nachzukommen. Wichtig ist nur: Sie müssen sich **wirklich** in einer solchen Situation befinden. Gemeint ist damit, dass Sie keinen Vorwand suchen, um der Trauerverarbeitung aus dem Weg zu gehen. Zugegebenermaßen: Es ist vollkommen verständlich, wenn Sie die Trauerverarbeitung umgehen möchten. Es erfordert eine enorme mentale Stärke, sich darauf einzulassen, mit derartigen Emotionen umzugehen. Aber eines ist an dieser Stelle zu bedenken: Wenn Sie die Trauer nicht verarbeiten, sondern sich direkt in die Arbeit stürzen und mit allen Mitteln ablenken, dann werden Sie die Trauer nie los. Sie verbannen Sie vielleicht bis ins Unterbewusstsein, sodass Sie sie nicht bewusst wahrnehmen. Doch dies ist das Schlimmste, was Ihnen passieren kann. Denn im Unterbewusstsein staut sich die Trauer an. Sie setzt immer mehr kleine Nadelstiche in Ihr Herz, bis Sie dieses deutlich durchdringt und Sie dazu bringt, einzubrechen. Gehen Sie kurz in sich und denken Sie darüber nach, ob es das ist, was Sie möchten. Niemand sagt Ihnen, dass Sie jetzt damit anfangen müssen, sich die Trauer pausenlos vor Augen zu führen. Natürlich dürfen Sie sich ablenken, Sie dürfen sogar die Trauer ein bis zwei Tage lang verdrängen. Aber vergessen Sie die soeben gelesenen Worte nicht und bemühen Sie sich, zumindest mit jedem Tag ein bisschen mehr von der Trauer wahrzunehmen. Dies ist der Weg: Jeden Tag ein kleiner Schritt – nicht mehr, aber auch nicht weniger.

Diese kleinen Schritte sind das einzige, was Ihnen übrigbleibt, wenn Sie aufgrund eingangs erwähnter ernster Situationen und Verpflichtungen in anderen Lebensbereichen keine komplette Auszeit zur Trauerverarbeitung nehmen können. Erfüllen Sie Ihre Pflicht jeden Tag – ob es die Kinder, das eigene Unternehmen, das Kümmern um eine Person oder anderweitige Pflichten sind – aber lassen Sie sich kleine Zeitfenster, in denen Sie die im weiteren Verlauf genannten Ratschläge und Methoden zur Trauerbewältigung durchlesen und in dem Ihnen möglichen Tempo in die Tat umsetzen. Früher oder später werden Sie mehrere Tage am Stück finden, um sich intensiver der Trauerverarbeitung zu widmen – ob es durch die Abgabe der Kinder an die eigenen Eltern ist oder durch eine Phase, in der Ihr Unternehmen von allein ausgezeichnet läuft. Dann werden Sie konzentriert und über mehrere Tage hinweg den Trauerprozess meistern.

Die Auszeit: Was gehört hinein?

Haben Sie hingegen die Zeit oder Sie können sich die Zeit nehmen, um mehrere Tage oder gar Wochen nach der Trauerfeier an der Trauer zu arbeiten, dann nutzen Sie Ihre Chance. Zu Beginn gilt: Je länger diese Auszeit ist, umso besser ist es. Sollte Ihnen die Auszeit später zu lange dauern, lässt sie sich im Nachhinein umgestalten. Aber räumen Sie sich von vornherein so viel Zeit wie möglich ein. Sind Sie angestellt, lassen sich in der Regel humane Zeitfenster realisieren. Gleiches gilt, wenn Sie studieren und wenn Sie Eltern, Freunde oder andere Personen finanziell während der Auszeit unterstützen. Es lassen sich Lösungen für die eigenen Bedürfnisse finden. Wichtig ist nur, dass Sie merken, dass Sie diese Auszeit brauchen. Tief in Ihrem Inneren wissen Sie es bereits jetzt.

Doch was gehört in solch eine Auszeit hinein?

In eine solche Auszeit gehört hinein, zunächst einmal der Lethargie den Platz einzuräumen, den sie braucht. Sobald diese Lethargie vorbei und die Unausweichlichkeit der Tatsache begriffen ist, beginnt der Großteil der Arbeit an der Trauer, denn von nun an kommen Emotionen in Ihnen hoch: Wut, Scham, Angst, Schuldgefühle, Liebe, Sehnsucht, Traurigkeit, Hass (auf sich, auf die Welt und vieles mehr) oder Eifersucht. Allem voran an dieser Stelle wird sich Ihnen mehrmals die Frage stellen, ob alles in Ordnung ist; so, wie es ist. Sie werden daran zweifeln, dass dieses Emotionschaos richtig ist, und versuchen, sich dagegen zu stemmen. Aber lassen Sie es sein, denn es strengt Sie nur umso mehr an. Jede Emotion hat Ihre Berechtigung in dem Trauerprozess. Dies zu begreifen, ist ein Teil der Auszeit nach der Trauerfeier. Ein erheblich großer weiterer Teil ist der Umgang mit diesen Emotionen, den Sie einerseits selbst, andererseits durch Ihr Umfeld lernen. Zudem erwarten Sie in diesem Buch neun Methoden, um die Trauer zu überwinden – Schritt für Schritt in Ihrem persönlichen Tempo. Diese Methoden haben in der Auszeit nach der Trauerfeier die Ambition, Ihnen bei der Verarbeitung der verschiedensten Emotionen eine zentrale Stütze zu sein.

Es ist bei alledem essenziell, dass Sie in der Auszeit nach der Trauerfeier Dinge meiden, die Ihnen offensichtlich schaden und außer Kontrolle geraten könnten:

- Medikamentenkonsum
- Alkoholkonsum
- Sonstige Drogen
- Ungesunde und insbesondere stark zuckerhaltige Lebensmittel

Selbst, wenn Sie Ihren Alkoholkonsum und Ihre Ernährung optimal unter Kontrolle haben und noch nie zu Medikamenten oder sonstigen Drogen gegriffen haben, um sich zu trösten oder die Emotionen zu betäuben, so besteht allem voran in der erheblichen Schwere dieser Situation das Risiko, eine Abhängigkeit zu entwickeln. Am Anfang kann der Konsum dieser Mittel womöglich noch guttun. Aber damit wird das Verlangen steigen und das gesamte Problem verschlimmert. Dieses Buch setzt Ihnen keine Grenzen, hat vollstes Verständnis und gibt Ihnen für jeden Schritt, den Sie gehen, so viel Zeit, wie Sie brauchen. Doch diese eine Bitte ringt sich der vor Ihnen liegende Ratgeber ab: „Lassen Sie die Finger von Dingen, die Ihnen nachhaltig nicht gut tun." Stellen Sie sich vor, Ihr Partner würde Ihnen ins Ohr flüstern, ganz leise, damit ja nicht die Magie dieser Situation zerbricht: „Fang bitte nicht mit diesen Dingen an ..." Medikamente – sofern nicht medizinisch notwendig und vom Arzt verordnet – sowie Alkohol und Drogen sind als Instrumente zur Trauerverarbeitung strikt zu meiden. Was das Essen angeht; nun ja: Gönnen Sie sich gern mal was Herzhaftes und Süßes, wenn es in Ihnen danach verlangt. Insbesondere eine warme Waffel am Abend oder ein erfrischendes Eis im Sommer in der Natur wird Ihre Sinne reaktivieren, die im Zuge der Trauerphasen dazu neigen werden, weniger zu empfinden. Nur machen Sie eine ungesunde Ernährung nicht zur Gewohnheit, denn so belasten Sie Ihren Körper, was sich ebenso auf den Geist auswirkt.

Ansonsten genießen Sie absolute Freiheiten bei der Verarbeitung des Trauerprozesses. Es ist **nicht notwendig**, besondere Rituale einzuhalten oder mehrere Wochen komplett in Schwarz gekleidet in der Öffentlichkeit zu sein. Aber diese Maßnahmen können sich als nützlich erweisen ...

> **Aus dem Leben anderer ...**
>
> In dörflichen Regionen Osteuropas und in traditionell geprägten Regionen Südeuropas finden sich nach wie vor Bräuche, nach denen Personen in einem fest definierten Zeitraum nach der Trauerfeier eine bestimmte Kleidung tragen; zumeist handelt es sich um komplett schwarze Kleidung. Vereinzelt unterwerfen sich Personen freiwillig den Bräuchen ihrer Kultur, auch wenn es mittlerweile untypisch ist.

Sie haben die Wahl, sich ebenfalls bestimmten Bräuchen zu unterwerfen, um Ihre Trauer nach außen hin zu symbolisieren. Es kann durchaus helfen, sich in Schwarz zu kleiden. Weitere mögliche Bräuche sind es, die Haare zu schneiden und das eigene Äußere radikal zu verändern. Während dies den Gläubigen im Judentum untersagt ist, hat es sich glaubensunabhängig bei einzelnen Personen als Zeichen der Trauer etabliert. Was es im Genaueren in einer Person bewegt, einen solchen Brauch durchzuführen und beispielsweise eine Zeit lang Schwarz zu tragen, kann sich mehr oder weniger deutlich unterscheiden. Die einen bewerten es nach zwei bis drei Tagen als Schwachsinn und lassen es sein. Die anderen wiederum finden darin einen Weg, zum Ausdruck zu bringen, wie wichtig einem der Mensch war, der gegangen ist. Sie werden es möglicherweise als einen Beweis sich selbst gegenüber empfinden; Sie beweisen sich selbst, dass die Person Ihnen so wichtig war, wie Sie immer behauptet haben. An Ihrer Liebe besteht zwar kein Zweifel, doch untermauern Maßnahmen wie Trauerbräuche durch die symbolische Wirkung dies nochmals.

Am Ende gilt für die Auszeit nach der Trauerfeier: Probieren Sie es einfach. Probieren Sie, was Ihnen gerade zusagt und emotional keine unzumutbare Belastung darstellt. Wenn Sie es als für sich selbst wichtig erachten, das Trauern und somit die Intensität der Liebe durch das Tragen schwarzer Kleidung nochmals zu unterstreichen, dann tun Sie es. Angeraten ist jedoch, dass Sie vorab die Dauer eines solchen Brauches definieren. Es ist nämlich wie mit allen anderen Vorhaben: Sofern Anfang und Ende des Brauches von vornherein definiert sind, fällt es Ihnen einfacher, einen Schlusspunkt zu setzen und definitiv sagen zu können: „Ich habe es geschafft und bin stolz auf mich."

Gefühle und deren Bedeutung

Trauer ist der Überbegriff, um den sich dieses Buch dreht. Doch Trauer ist derartig vielschichtig, dass sie sich kaum als nur ein Gefühl beschreiben lässt. Wut, Liebe, Verzweiflung, Schuldgefühle – dies ist nur ein Auszug der Emotionen, durch die sich die Trauer nach außen bemerkbar machen kann. Im nächsten Kapitel dieses Buches wird die Trauer im Detail betrachtet, aber zuvor soll der Grundstein für den richtigen Umgang mit der Trauer gelegt werden. Der richtige Umgang mit Trauer liegt in zwei Komponenten verborgen, welche die Trauer überhaupt erst verursachen: Erinnerung sowie Zukunftsplanung. Würden Sie sich nicht an Ihren Partner erinnern, würden Sie nicht trauern. Doch dies ist keine Lösung, sondern eine Denkweise, die dazu führt, dass sich die Trauer in vielen Personen anstaut. Es ist von unschätzbarem Wert, Erinnerungen zu fördern und dadurch die Nähe zu dem Partner aufrechtzuerhalten. Neben der Vergangenheit, die sich in den Erinnerungen äußert, hatten Sie – je nach Alter – ambitionierte Zukunftspläne. Dass Sie die Zukunft nun anders gestalten müssen, führt dazu, dass Sie der ursprünglichen Planung nachtrauern.

Durch Höhen und Tiefen gegangen...

„Bis das der Tod uns scheidet", heißt es. Mit diesem Ausspruch wird darauf angespielt, dass die Ehe einen langen, erfüllten und von Treue geprägten Bestand hat. Sobald der Tod die Ehe tatsächlich scheidet und einer der beiden Partner zurückbleibt, kann dieser idealerweise auf eine gemeinsame Vergangenheit mit dem verstorbenen Partner zurückblicken. So existiert am Ende ein Leben voller Höhen und Tiefen, welches dennoch gemeinsam mit Bravour beschritten wurde: Ob es das Großziehen der gemeinsamen Kinder war, der Bau eines Eigenheims oder Weltreisen in die entlegensten und faszinierendsten Winkel der Welt – je länger eine Beziehung oder Ehe gedauert hat, umso mehr Höhen und Tiefen gab es! Damit einher geht eine beeindruckende Sammlung an Erinnerungen.

> **Übung!**
> Lesen Sie sich die folgenden Szenarien durch und versuchen Sie, sich zurückzuerinnern:
>
> ➢ Wie waren das erste Liebesgeständnis, der erste Kuss und der erste Sex mit Ihrem Partner? Welche Emotionen kamen dabei hoch und wie hat sich Ihr Leben dadurch geändert?
> ➢ Wie verbrachten Sie beide die gemeinsame Zeit? Ausflüge, Filme gucken, Restaurants, Freunde- und Familienabende? Was für besondere Momente gab es dabei?
> ➢ Welche Momente stachen in der Vergangenheit besonders stark hervor und wieso sind es ausgerechnet diese Ereignisse?

Diese Erinnerungen werden anfangs noch schmerzen. Lassen Sie sich – eventueller Verdrängung zum Trotz – anfangs zumindest eine komplett freie Stunde am Tag, in der Sie sich mit Ihrer Trauer gezielt auseinandersetzen. Unabhängig davon, wie sehr es schmerzt, wird es Ihnen mit der Zeit helfen, das Geschehene zu akzeptieren. Aber vor allem bewahren Sie sich durch diese Vorgehensweise eines: Erinnerungen!

> **Hinweis!**
> Auch bei Beziehungen, die nur kurz angehalten haben, gibt es ausreichend Erinnerungen, um der Vergangenheit umfangreich zu gedenken. Denn wie Sie bereits erfahren durften, geht es nicht zwingend um die Menge an gemeinsamen Erlebnissen, sondern ebenso um deren Intensität. Denken Sie deswegen bei einer kurzen Beziehungsdauer an die vielen kleinen Dinge, die Sie an Ihrem Partner so sehr geliebt haben. Schon die kleinsten Gesten der Liebe sind auf dieser Welt etwas Besonderes und verdienen, dass Sie über die gesamte Dauer Ihres Lebens in Ihrer Erinnerung verbleiben.

Erinnerungen, Erinnerungen, Erinnerungen …

Im Verhältnis zu dem, was Sie zu Lebzeiten Ihres Partners hatten, wirken Erinnerungen so winzig: Sie konnten ihren Partner anfassen, mit ihm reden, nach Rat fragen und auf Unterstützung in jedweder Form in schwierigen Zeiten hoffen. Und nun bleiben Erinnerungen übrig. Dies erscheint verhältnismäßig winzig, hat bei näherer Betrachtung jedoch einen unermesslich hohen Wert!

Erinnerungen definieren Ihre Persönlichkeit. Mit dem Eindringen einer neuen Person ins Leben, die die eigene Gefühlswelt derart stark prägt und mit der man gemeinsam lebt, ist eine Beeinflussung der eigenen Persönlichkeit unausweichlich. So, wie uns unsere Eltern und Familien-, Bekannten- sowie Freundeskreise in der Kindheit prägen, ist dies auch im Erwachsenenalter der Fall. Doch durch das höhere Maß an Eigenverantwortung sinkt der Einfluss der genannten Personenkreise tendenziell. Sie machen schließlich Ihre eigenen Erfahrungen und entwickeln eigene Überzeugungen. Wer verhältnismäßig große Chancen hat, Sie trotzdem zu beeinflussen, ist Ihr Partner. Es gibt Partner, die sehr ruhig sind und keinerlei Ambitionen hegen, Sie zu verändern, aber im gleichen Zuge tun sie genau das durch das hohe Maß an Verständnis und bedingungsloser Liebe, die ein solcher Partner Ihnen entgegenbringt. Andere Partner wiederum regen Sie zum Nachdenken über sich selbst an und geben Ihnen einen Schubser, um Sie dazu zu animieren, Mut, Stärke, Selbstbewusstsein oder andere Charakteristika in bestimmten Situationen zu zeigen.

> **Übung!**
> Wie war Ihr Partner? Ruhig und verständnisvoll? Oder eher fordernd und fördernd? Bewegte er sich gar in einer anderen Kategorie? Überlegen Sie sich genau, was Schlüsselsituationen in der Beziehung und in Ihrem Leben waren: Welche Botschaften hat Ihnen Ihr Partner in diesen Situationen vermittelt? Wie stehen Sie heute dazu? Schreiben Sie es sauber auf einem Blatt Papier auf, welches Sie gut aufbewahren.

Nach dem Tod Ihres Partners wird es Ihnen möglich sein, in dem, was er Ihnen beigebracht hat, nach wie vor Rückhalt zu finden. Sie haben die Chance, Ihren Partner stolz zu machen:

- ❖ Waren Sie beispielsweise schüchtern und Ihr Partner hat Ihnen Selbstbewusstsein eingehaucht? Dann behalten Sie diese selbstbewusste Linie bei!
- ❖ Sind Sie unentschlossen gewesen, bestimmte Vorhaben von Anfang bis Ende durchzuziehen, und wurden durch die Disziplin Ihres Partners inspiriert? Seien Sie nach wie vor diszipliniert!
- ❖ Hatten Sie ein geringes Maß an Interessen, bis Ihr Partner Ihr Leben mit Neugier und Lebenslust füllte? So bleiben Sie neugierig und lebenslustig!

Verstehen Sie es nicht falsch: Niemand verlangt von Ihnen, dies sofort in die Tat umzusetzen. Es wäre unmenschlich. Aber schreiben Sie auf, was Ihr Partner an Ihnen zum Positiven veränderte. Sie sollen keineswegs in allem, was Sie tun, plötzlich wie Ihr Partner sein. Es geht lediglich darum, jenes aus der Beziehung, was Ihr Leben und Ihre Persönlichkeit bereicherte und prägte, beizubehalten. So wird zum einen der Schmerz wegen des Verlusts geringer, zum anderen lebt Ihr Partner dadurch in Ihnen weiter. Je mehr Sie sich mit den Erinnerungen sowie Botschaften Ihres Partners auseinandersetzen und die Trauer nicht verdrängen, umso stärker werden Sie Ihrem Partner die Chance geben, durch Ihre Glaubenssätze, Entscheidungen und Taten in Ihnen weiterzuleben.

Nun bin ich allein: Ein Haufen erster Male

Von der Vergangenheit, die sich mit den Erinnerungen befasste, wechseln wir nun in die Gegenwart, die für Sie einen Haufen erster Male bereithält: Sie stehen erstmals allein auf. Sie frühstücken erstmals allein. Sie kochen erstmals allein.

Eine weitere Aufzählung sparen wir uns, da Sie die gesamten ersten Male allesamt bereits schmerzhaft genug erfahren. Dass mit jedem weiteren Mal, bei dem Sie einer Aktivität ohne Ihren Partner nachgehen, die Trauer tendenziell sinkt, stellt nur einen geringen Trost dar. Zudem darf man sich darauf, dass die Trauer mit der Zeit konstant abnimmt, nicht verlassen. *Was ist also die Lösung für diese triste und einsame Gegenwart?*.

Die Rolle von Familienmitgliedern, Freunden und Bekannten

Zunächst sind Familie, Freunde und Bekannte absolut wichtig. Sie sind ein Rückhalt und verhelfen bereits durch ihre Gegenwart. Denn in jenen Momenten, in denen Sie Familie und Freunde bei sich haben, sind Sie nicht allein. Es ersetzt zwar niemand Ihren Partner, doch die Erleichterung und Freude über die Gesellschaft sind vorhanden. Aufgrund des hohen Ausmaßes an Trauer treten diese positiven Emotionen nicht zum Vorschein, aber sie schlummern tief in Ihrem Unterbewusstsein. Zudem helfen Ihnen Familie und Freunde dabei, Erinnerungen zusammenzutragen, die sich mit Ihrem Partner befassen. Ihre Eltern, die beste Freundin und/oder Geschwister sowie weitere Personen werden – sofern sie Ihren Partner kannten – mit Ihnen über die Erlebnisse reden. Sofern Ihnen dies am Anfang zu viel ist, dann vermeiden Sie es, Erinnerungen auszutauschen. Aber mit zunehmender Zeit, sobald Sie sich bereit fühlen, wird der Erinnerungsaustausch eine große Bereicherung sein und sogar das ein oder andere Lachen in die Gesichter zaubern. Können Sie sich beispielsweise an eine fantastische Party im großen Kreis und mit Ihrem Partner nur bedingt zurückerinnern, weil Sie ein paar Gläser Sekt zu viel hatten, wird womöglich Ihre beste Freundin Ihr Gedächtnis auffrischen und von lustigen Ereignissen rund um Ihren Partner auf der Party berichten können, die Ihnen völlig neu sein werden.

> **Hinweis!**
> Was zudem hilfreich ist, ist die Tatsache, dass ein Erinnerungsaustausch mit anderen Personen verschiedene Blickwinkel fördert. Hatten Sie zum Beispiel die Auffassung, dass Ihr Partner wegen einer Ihrer Entscheidungen enttäuscht über Sie war, haben Sie möglicherweise nun Schuldgefühle. Nun erzählen Sie Ihrer Mutter davon und diese erklärt, dass Sie sich zufälligerweise früher mit Ihrem Partner über exakt diesen Sachverhalt unterhalten hatte. Der Partner war in Wirklichkeit nicht enttäuscht, sondern hatte Ihre Entscheidung akzeptiert. Dies im Nachhinein zu erfahren, ist Balsam für die Seele.

Somit ist, wie Sie sehen, nach dem Tod Ihres Partners die Chance gegeben, zuvor unbekannte Dinge über ihn zu erfahren oder bereits Erfahrenes neu zu beleuchten. Dabei sind Familie und Freunde eine unverzichtbare Komponente. Ebenso kommen gute Bekannte für die Gespräche in Frage, wobei sie eine besondere Funktion erfüllen. Zunächst ein Blick darauf, worum es sich bei Bekannten handeln kann:

- ❖ Arbeitskollegen
- ❖ Nachbarn
- ❖ Vereinsmitglieder
- ❖ Personen, denen Sie häufig begegnen
- ❖ Freunde von Freunden

Die besondere Funktion von Bekannten beläuft sich darauf, dass diese Ihren Partner nicht zwingend gekannt haben und deswegen bessere sowie vorurteilsfreie Zuhörer sein können als Ihre Familie und Freunde. Doch selbst wenn die Bekannten Ihren Partner gekannt haben, findet hier eine Diskussion auf anderer Ebene statt. Welchem Bekannten Sie sich anvertrauen, ist ein Stück weit eine Frage des Bauchgefühls, da sich Personen, zu denen man ein distanzierteres Verhältnis pflegt, schwerer einschätzen lassen. Zu Beginn des Trauerprozesses ist es allerdings am besten, sich Familie und Freunden anzuvertrauen. Diese kennen Sie besser. So wird es einfacher, den Panzer der Trauer zu durchbrechen.

Als Quintessenz steht über allem, auch in der Gegenwart von Freunden und Familie: Haben Sie den Mut, sich zu erinnern! Erinnerungen bringen Ihnen die schönsten und wichtigsten Botschaften Ihres Partners ins Bewusstsein und lassen Ihren Partner in Ihnen weiterleben. Dadurch gelingt es Ihnen, Herausforderungen auch nach dem Tod Ihres Partners mit dessen Hilfe zu meistern.

Die Rolle von Symbolen

Was am Anfang der Trauer, wenn sich die Einsamkeit wie ein dunkler Schleier über den Alltag legt, und ebenso in der Folgezeit hilft, sind Symbole. Symbole können Sie einerseits in der Natur, andererseits in Gegenständen finden. Es geht dabei darum, bestimmten Sachen bzw. Geschehnissen eine Bedeutung zu geben, die in Zusammenhang mit Ihrem Partner steht.

> **Aus dem Leben anderer…**
>
> Roland Kachler ist als Trauerexperte bekannt. Der Autor trug seinen eigenen Sohn zu Grabe und erfuhr damit einen Schicksalsschlag, welcher zu den schwersten potenziellen Schicksalsschlägen für Eltern gehört, die überhaupt existieren. Er thematisiert in seinem Werk *Meine Trauer wird dich finden* (2017) die Bedeutung von Natursymbolen, die für ihn beruhigend ist. Er sieht die Natur als eine Konstante, die einen sicheren und geborgenen Ort für Verstorbene darstellt. Wer die Verbundenheit zur Natur entdecken würde, so Kachler, der würde den Raum für die Begegnung mit dem Verstorbenen über das Grab und die eigene Gedankenwelt hinausdehnen. Natursymbole, wie sie Kachler in seinem Werk thematisiert, und ebenso andere Arten von Symbolen, werden Ihnen vorgestellt, damit Sie darin mögliche Begegnungsstätten mit Verstorbenen entdecken.

Auf die Natursymbolik wird im Folgenden genauso eingegangen wie auf die Symbolik, die Sie einzelnen Gegenständen zusprechen können.

Die Natur hat im Leben eines jeden Menschen eine faszinierende Rolle. Zeigen Sie sich der Natur gegenüber verbunden und begegnen selbst dem Vogelzwitschern in der Ferne mit Aufmerksamkeit, bringen Sie die idealen Voraussetzungen mit sich, um die Natur zur Verarbeitung Ihrer Trauer nutzen zu können.

> **Übung!**
> Setzen Sie sich bei einem Ihrer Spaziergänge, der Gartenarbeit, dem Joggen oder einer anderen Ihrer Aktivitäten draußen hin. Es sollte bevorzugt in einem Park, an einer Promenade oder an einer anderen stillen Stelle sein, wo Sie der Natur lauschen können. Setzen Sie sich hin und hören Sie einfach nur zu – nicht mehr, aber auch nicht weniger. Zuhören ist eine Kunst. Nehmen Sie jedes einzelne Geräusch wahr und konzentrieren Sie sich auf Klänge aus allen Richtungen. Es ist immer etwas los, Sie müssen es nur wahrnehmen. Nutzen Sie neben den Ohren auch die Nase, indem Sie riechen, was in der Luft liegt.

Dieser eine Schritt zeigt Ihnen, dass es zwischen Mensch und Natur diverse Schnittpunkte gibt. Dass eine Person mit ihrem Tod die menschliche Hülle verlässt, steht außer Frage. Stellen Sie sich vor, dass diese Person in die Natur gewandert ist. Aber tun Sie dies nicht, weil dem so sein kann oder weil Sie daran glauben. Stellen Sie es sich nur deswegen vor, weil es Ihnen hilft und Ihren Partner in Geborgenheit verweilen lässt. Von nun an werden Sie, wann immer Sie in der Natur sind und diese aufmerksam wahrnehmen, daran denken können, dass Ihr Partner mit Ihnen kommuniziert:

- Durch den Wind setzt Sie die Person in Bewegung, wenn Sie lethargisch und demotiviert sind.
- Der helle Sonnenschein spendet Ihnen Trost und Zuversicht in Phasen, in denen beides rar ist.
- Der Regen spendet Klarheit und wäscht von Zweifeln rein, falls sich welche bei Ihnen auftun.
- Die Sterne während der Nacht leuchten Ihnen auch im Dunkeln den Weg und nehmen jedwede Anflüge von Angst.
- Das Vogelzwitschern besänftigt erregte oder gar wütende Gemüter und predigt Liebe, wenn Sie kurzweilig den Glauben an die Liebe verlieren.

Hierbei handelt es sich lediglich um einige wenige Ansätze zur Deutung. Die Natur liefert Ihnen jeden Tag aufs Neue Spektakel, mögen diese vordergründig zunächst auch noch so unscheinbar sein. Es liegt an Ihnen, wie Sie diese wahrnehmen und was Sie daraus gewinnen. Die Natur hat eine Tiefe und Weite, die grenzenlos ist und Sie überall dort, wo Sie es anstreben und wünschen, mit den Personen verbindet, die Ihnen fehlen. Ziel ist bei der Verbundenheit zwischen Ihnen und den Verstorbenen über die Natur keine wissenschaftliche Korrektheit, sondern eine transzendentale Erfahrung; also eine Erfahrung, die Sie in eine andere Welt hineinführt. Wie Sie diese Erfahrung erleben, definieren Sie selbst.

Geben Sie sich Mühe, für die einzelnen Naturereignisse eine fest definierte Bedeutung zu beschließen. Fertigen Sie dazu einen Katalog mit Naturereignissen und deren Bedeutung für Ihre Verbindung zu Ihrem Partner an. Folgt man den Gedankengängen des Autors Roland Kachler in seinem eingangs erwähnten Werk, so eignet sich ein Regenbogen als Zeichen für die Verbindung zur anderen Welt. Der Regenbogen fungiert als eine Brücke zur anderen Welt. Wenn man den Sonnenuntergang oder Sonnenaufgang am Friedhof beobachte, trete nach Kachler eine besonders intensive Verbindung zu der verstorbenen Person ein. Auch Tiere sieht er als Botschafter der Verstorbenen an. Wenn ein Vogel zu der trauernden

Person geflogen käme, so sei instinktiv der Gedanke gegeben, dieses Tier sei ein Zeichen des Verstorbenen[1].

Finden Sie Ihre Botschaften und Symbole in der Natur! Gehen Sie dazu vermehrt an Orte, die Sie häufig mit Ihrem Partner besucht haben oder an Orte, von denen Ihr Partner immer sprachen, aber die sie nie gemeinsam besuchen konnten.

Auch außerhalb der Natur gibt es Symbole, die in Form von Ritualen angewandt werden. Dazu gehört für Kirchgänger beispielsweise das Anzünden einer Kerze; einmal pro Woche, öfter oder seltener – es steht jeder Person frei. Gläubige stimmen zusätzlich Gebete an. Grundsätzlich haben Gläubige eine Menge an Ritualen, die durch die jeweilige Religion vorgeschrieben oder angeraten sind.

Schwieriger haben es Personen, die nicht gläubig sind oder sich mit der eigenen Religion nur bedingt auseinandergesetzt haben. Doch hier gibt es Lösungen. Beispielsweise sorgen Schmuck, Glücksbringer oder andere kleine und gut tragbare Gegenstände von Verstorbenen für einen Begleiter, von dem Sie Tag für Tag, Stunde für Stunde oder gar Minute für Minute profitieren. Möglicherweise ist Ihnen bereits das Steigenlassen von Luftballons oder Kerzen zu Ohren gekommen: Kerzen in Ballons steigen zu lassen ist in Deutschland in 15 von 16 Bundesländern untersagt; in dem Ausnahmeland Berlin existiert grundsätzlich ebenfalls ein Flugverbot[2]. Die Verbote sind aus nachvollziehbaren Sicherheitsgründen verhängt. Sollten Sie unbedingt einen Ballon mit Kerze steigen lassen wollen, was ein faszinierendes Ritual ist, ist angeraten, dass Sie es über Sondergenehmigungen in Hamburg, Mecklenburg-Vorpommern, Nordrhein-Westfalen, Sachen oder Sachsen-Anhalt versuchen und bei vorhandener Zustimmung mit mehreren Personen dieses Ritual zelebrieren. Sollte keine Genehmigung ausgesprochen werden, können Sie sich das Kerzensteigenlassen als

---

[1] Kachler, R.: Meine Trauer wird dich finden, 2017. S. 111ff
[2] http://www.helpster.de/kerzen-ballons-steigen-lassen-verboten_221668

besonderes Ritual im Ausland aufheben, sofern die Rechtslage im jeweiligen Land das Kerzensteigenlassen erlaubt.

> **Hinweis!**
> Nehmen Sie auf das Verbot des Kerzensteigenlassens keine Rücksicht, droht Ihnen, falls Sie von der Polizei erwischt werden, ein Bußgeld in vierstelliger Höhe. Werden Sie nicht erwischt, dann besteht nach wie vor die Gefahr, dass es zu Unfällen infolge der Kerzen in Luftballons kommt, da diese leicht brennbar sind. Luftballons ohne Kerzen steigen zu lassen ist jedoch kein Problem.

Lassen Sie Kerzen oder Luftballons steigen, dann lassen Sie die Trauer los und gedenken der verstorbenen Person. Da es ein besonderes und schönes Ritual ist, ist empfohlen, dass Sie dieses immer mit mehreren Personen durchführen.

Weitere Symbole oder Rituale mit Symbolwirkung sind Ihrer Recherche und Kreativität überlassen. Sie können in den Symbolen bündeln, was Sie möchten – ob es nun die bloße Nähe zu Ihrem Partner oder aber eine besondere Botschaft ist, die Sie Ihrem Partner wünschen.

Habe ich die Zukunft verloren?

Wenn Sie das Anfassen des Partners, das Kuscheln und das Reden miteinander vermissen, dann müssen Sie sich eingestehen: „Ja, ich habe diese Zukunft, die noch bis vor dem Tod meines Partners umfangreich geplant und von Erwartungen erfüllt war, verloren."

Aber dies sind jene Dinge, die nicht das Wichtigste an einer Beziehung sind. Vielmehr kommt es auf das an, was Sie nach wie vor behalten:

❖ Den Segen Ihres Partners, ein glückliches Leben zu führen

- Die Botschaften, sich zu überwinden, dem Leben mit Freude zu begegnen und die Zukunft proaktiv zu gestalten
- Die Erinnerungen an Ihren Partner und an das, was Sie gemeinsam erlebt haben
- Die Unterstützung Ihres Partners in schweren Zeiten

So unverstellbar es Ihnen aktuell erscheinen mag, werden Sie mit der Zeit merken, dass das Wichtigste nach wie vor Bestand hat. Somit haben Sie die Zukunft bei der Betrachtung des gesamten Kontexts nur zum Teil verloren. Insgesamt trifft eher die Formulierung zu, dass Sie Ihre Zukunft **verändert** haben. Möglicherweise wissen Sie bereits aus Ihrem Leben, dass jede Veränderung mit Herausforderungen und Komplikationen einhergeht. Dies liegt in der Natur von Herausforderungen. Zwar ist diese Veränderung, ohne den Partner die Zukunft gestalten zu müssen, besonders anspruchsvoll. Doch Sie werden es schaffen, so, wie Sie alles bisher geschafft haben. Was Ihnen hilft, wenn Sie Zweifel an der erfolgreichen Zukunftsgestaltung haben, sind die folgenden Erkenntnisse:

- Andere Personen, die Sie brauchen: Insbesondere gemeinsame Kinder aus Ihrer Partnerschaft, sind eine erfüllende Aufgabe, die das Klarkommen mit dem Verlust erleichtert.
- Der Wille Ihres verstorbenen Partners: Auch wenn es ein Standard-Spruch ist, überwiegt letzten Endes die Erkenntnis, dass Ihr Partner gewollt hätte, dass Sie Ihr Leben genießen.
- Ihr eigener Kampfgeist: Tief in Ihnen schlummert der Drang, glücklich zu werden und aus der Ihnen geschenkten Zeit das Bestmögliche zu machen.

Welche Gefühle treten auf und sind normal?

Im Zuge des Sich-Erinnerns treten verschiedenste Gefühle auf, worunter neben direkt mit Trauer in Verbindung zu bringenden negativen Emotionen ebenso positive Emotionen fallen können. Erinnern Sie sich allein oder mit anderen an einen lustigen Moment mit Ihrem Partner zurück, dann kann es sein, dass Sie ins Lachen geraten. Mitten in die Trauer fallen plötzlich mehrere Lacher, die bis zu einer halben Minute Zeit in Anspruch nehmen können. Dass diesen Lachern der nächste Tränenschwall folgt, spielt an dieser Stelle keine Rolle, denn Emotionen kommen so, wie sie kommen. Daran können Sie nichts ändern. Dennoch stellt sich im Nachhinein die Frage, ob es angemessen war, zu lachen. Sie müssten trauern, aber plötzlich lachen Sie. Seien Sie sich einer Sache sicher: Solange Sie sich erinnern und Ihren Emotionen freien Lauf lassen, machen Sie alles richtig und müssen sich nicht rechtfertigen. Im schlimmsten Fall könnte sich eine Person erkundigen, wieso Sie gerade lachen, doch wenn Sie es erklären, wird die Person sicher mit Ihnen lachen.

Neben dem Sich-Erinnern wird die Sehnsucht nach der Zukunft mit Ihrem Partner präsent sein, sofern Sie noch jung sind und das gesamte Leben zusammen vor sich hatten. Diese Sehnsucht wird Ihnen Fragen aufdrängen, wie das Leben überhaupt ohne Ihren Partner möglich sein soll. Aber mit jedem verstrichenen Tag und mit den ersten Besserungen im Rahmen des Trauerprozesses werden Sie sich selbst beweisen, dass es in der Tat funktioniert: Es geht weiter! So wird die Sehnsucht mit der Zeit abnehmen und durch positive Emotionen ersetzt werden.

Wir Menschen sind durch Emotionen gesteuert, daher sind wir zu widersprüchlichem Handeln in der Lage. Dies ist es, was uns von einer Maschine unterscheidet. Je größer Ihre Emotionsvielfalt ist, umso gesünder sind Sie zugleich unter psychischen Gesichtspunkten. Denn eine Person, die nur trauert, kann nah dran sein, an Depressionen zu erkranken. Bewahren Sie sich Ihre Menschlichkeit, Ihre Emotionalität und Ihre Erinnerungen! Im Rahmen dessen sind alle Emotionen auch in einer Trauerphase normal und gestattet.

„Erste Hilfe" für nach dem Trauerfall

Zum Abschluss des Einstiegskapitels lernen Sie unter der „Ersten Hilfe" für nach dem Trauerfall Wege kennen, wie plötzlich eintretende Emotionszustände überwunden werden können. Das folgende Set an Ratschlägen und Reaktionstipps richtet sich an alle Personen, die von dem plötzlich eintretenden Gefühl der Trauer auf verschiedene Weise übermannt werden. Das Set erhebt keinerlei Ansprüche auf Vollständigkeit, zumal dies bei der Vielfalt, in der sich Trauer äußern kann, nicht möglich ist.

Sie verspüren einen großen Drang, Ihre Trauer mit Mitteln wie Alkohol, Medikamenten oder gar Drogen zu bekämpfen?

Häufig kommen diese Gedanken am Abend, wenn die Dunkelheit einkehrt, die negativen Gedanken ein Nährboden ist. Sorgen Sie zunächst dafür, dass solche Mittel gar nicht im Haushalt vorhanden sind. Dies ist bei Alkohol und Drogen einfacher zu bewerkstelligen als bei Medikamenten, die aus gesundheitlichen Gründen gebraucht werden. Sollte letzteres bei Ihnen zutreffen, so heben Sie lediglich die Medikamente auf, die Sie aus gesundheitlichen Gründen wirklich benötigen. Sobald Nacht ist, sind die Zugangsmöglichkeiten zum Kauf von Alkohol erschwert und es haben nur wenige Apotheken einen Nachtdienst. Die Wahrscheinlichkeit ist unter den genannten Bedingungen insgesamt gering, sich diesen Mitteln hinzugeben.

In Ihnen staut sich eine große Wut an und Sie reagieren übermäßig sensibel auf die Äußerungen einzelner Personen?

Meiden Sie Konfrontationen mit Personen, bei denen Sie bereits im Vorhinein von einem hohen Konfliktpotenzial ausgehen können. Dies dürfte angesichts Ihrer Auszeit von mehreren Tagen bis zu zwei Wochen kein Problem darstellen. Treffen Sie in dieser Zeit vermehrt Angehörige und Freunde, die sich bereits in der Vergangenheit durch ein gutes Einfühlungsvermögen ausgezeichnet haben. Erzählen Sie diesen Personen von Ihrer angestauten Wut und bitten Sie darum, dass Ihre Gesprächspartner Verständnis für Ihre Situation zeigen. Unter Umständen nimmt Sie eine dieser Personen auf eine Aktivität mit, die Sie normalerweise nicht praktizieren würden, die Ihnen aber ausgezeichnet bei der Bekämpfung der Wut hilft.

Die Sehnsucht nach Ihrem Partner ist so groß, dass es Ihnen unmöglich ist, sich auf den Alltag zu konzentrieren und an die Zukunft zu denken?

Begeben Sie sich einmal täglich auf eine Traumreise: Setzen Sie sich jeden Tag für eine halbe Stunde gemütlich hin oder legen Sie sich hin. Machen Sie die Augen zu. Atmen Sie ein paar Mal ein und aus; langsam und kontrolliert. Konzentrieren Sie sich auf den Moment und blenden Sie die Umgebung aus. Stellen Sie sich Ihren Partner vor und malen Sie sich die Situation so aus, wie Sie sie mit Ihrem Partner gern hätten. Die menschliche Vorstellungskraft ist ein machtvolles Werkzeug: Alles, was Sie sich vorstellen, kann zur Realität werden. Praktizieren Sie die Traumreise so häufig, wie Sie diese brauchen. Reduzieren Sie die Häufigkeit, sobald Sie mit der Gegenwart besser klarkommen.

Tipp: Stellen Sie sich einen Wecker, damit Sie die halbe Stunde nicht überschreiten.

Die Erinnerungen und Trauer lassen Ihnen über den gesamten Tag verteilt keine Ruhe und plagen Sie regelrecht?

Sorgen Sie dafür, sich tagsüber regelmäßig abzulenken, indem Sie einem Hobby nachgehen, welches Sie ein Stück weit ablenkt. Es sollte sich, wie bereits erwähnt, um eine Aktivität handeln, bei der Sie keine kognitiven Höchstleistungen erbringen müssen, da die Trauer und Erinnerungen an Ihren Partner trotzdem vorhanden sein werden. Indem Sie spazieren, gärtnern, in Vereinen aushelfen und hin und wieder Zeit mit anderen Menschen verbringen, erhalten Sie einen ausgewogenen Mix, der dafür sorgt, dass Sie nicht mehr von den Erinnerungen und der Trauer geplagt werden, sondern beides konstruktiv verarbeiten. Haben Sie den Mut, sich in der Phase der Auszeit nach der Trauerfeier ruhig neuen Dingen zu widmen. Durch den Tod Ihres Partners ist ein Bruch im Leben eingetreten, den Sie durch neue Erfahrungen und neue Personen am besten flicken können.

Sie fühlen sich auch körperlich schlecht?

Da Körper und Geist eng miteinander verbunden sind, ist es durchaus wahrscheinlich, dass Sie im Zuge der Trauer dazu neigen werden, Ihren Körper zu vernachlässigen. Eventuell nehmen Sie vermehrt ungesundes Essen zu sich, konsumieren mehr Alkohol oder aber Sie schlafen übermüdet im Sofa ein, weil Sie im Bett nicht einschlafen konnten. Wichtig ist, dass Sie Ihren Körper insbesondere in dieser Phase pflegen und nach Möglichkeit verwöhnen. Den Körper zu pflegen bedeutet, ...

- ❖ ... den Konsum ungesunder Lebensmittel (zuckerhaltige Produkte, Fertigprodukte, Fast Food) zu vermeiden und stattdessen frisches Gemüse und Vollkornprodukte zu sich zu nehmen!
- ❖ ... sich Wellness im Rahmen der Möglichkeiten zu gönnen; wenn nicht professionelle Massagen oder Saunagänge, dann Massagen durch den Partner oder Kurbäder in der heimischen Badewanne!
- ❖ ... Entspannungsübungen zumindest auszuprobieren und immer zu versuchen, im dafür vorgesehenen Bett einzuschlafen! Beides schafft produktive Gewohnheiten, da es zu einem gesunden Entspannungs- und Schlafverhältnis einlädt.

❖ ... sich im Rahmen der eigenen körperlichen Möglichkeiten zu bewegen!

Die Erinnerungen und Gefühlsausprägungen sind derart stark bei Ihnen, dass Sie diese nicht sortieren können?

Fangen Sie an, Tagebuch über Ihre Trauerverarbeitung zu führen. Dadurch bewahren Sie sich einerseits all die kostbaren Erinnerungen an Ihren Partner und sind andererseits dazu in der Lage, die Gefühlsausprägungen einzuordnen und sich dieser Gefühle bewusst zu werden. Dies führt dazu, dass Sie erkennen, was Ihnen in der Beziehung zu Ihrem Partner wirklich wichtig war. Sie lernen, negative Ereignisse abzuhaken und den Partner sowie das Verhältnis zu diesem in positiver Erinnerung zu behalten. Dies hilft Ihnen wiederum, den Tod zu akzeptieren.

> **Hinweis!**
> Das Tagebuchschreiben ist eine Angewohnheit, die selbst außerhalb von Trauerphasen – im Leben allgemein – förderlich ist. Sie leben dadurch bewusster und sind mit Ihren Stärken sowie Schwächen stärker im Reinen. In Situationen, in denen Sie normalerweise allein wären, ist das Tagebuch als Anlaufstelle für Sie da. Aber das Beste an der Tagebuchführung ist ohne Frage, dass Sie nichts mehr vergessen.

Wie gehen Sie vor, wenn Sie nicht wissen, wie Sie nach der Trauerfeier die Auszeit beginnen oder den Alltag wieder aufnehmen sollen?

Dieses Kapitel hat Ihnen Ratschläge vorgeführt, mit deren Hilfe Sie eine Auszeit gestalten können: Vom Tagebuch über die Verwöhnung des Körpers bis hin zum Austausch von Erinnerungen mit eng vertrauten Personen. Es handelte sich dabei aber lediglich um einige wenige der Möglichkeiten, die Sie haben. Sammeln Sie weitere Ideen und machen Sie dann Folgendes, um nach der Trauerfeier direkt einen geordneten Anfang zu finden: Planen Sie Ihre Auszeit und den Alltag! Durch eine schriftliche Planung – idealerweise auf einem Blatt Papier per Hand geschrieben und nicht auf einem Endgerät digital verfasst – fällt es Ihnen leichter, direkt einen Anfang zu finden. Die nächsten Schritte sind durch die Planung ebenfalls festgelegt. In Kapitel 4 mit konkreten Anleitungen zur Trauerüberwindung erfahren Sie diesbezüglich mehr.

Zusammenfassung: Erinnerungen bewahren, Nähe spüren und Zukunft wahrnehmen!

Nach der Trauerfeier drängt sich Ihnen die Gewissheit, dass Ihr Partner von Ihnen gegangen ist, urplötzlich auf, sodass Sie es kaum wahrhaben möchten. Doch es ist wahr. Im Zuge dessen denken Sie zurück an die Vergangenheit, was Ihnen noch mehr Schmerzen bereitet. Aber exakt jenes Zurückdenken und Sich-Erinnern hat einen unermesslich hohen Wert für Sie: Denn die Erinnerungen bewirken, dass Sie sich der Botschaften, Glaubenssätze, Ratschläge und Warnungen Ihres Partners gewahr werden. So gelingt es Ihnen, dass sich das Positive Ihres Partners verstärkt in Ihnen widerspiegelt und Ihr Partner durch Sie weiterlebt. Planen Sie deswegen die Zeit nach der Trauerfeier so, dass Sie sich im Rahmen Ihrer persönlichen Bedürfnisse mehrere Tage bis zwei Wochen Auszeit vom gewöhnlichen Alltag nehmen. Legen Sie in der Planung fest, wann und wie Sie Ihren Körper verwöhnen, sich mit ausgewählten Angehörigen und Freunden zum Erinnerungsaustausch über Ihren Partner treffen und in welcher Form Sie aktiv sind, um sich moderat von der Trauer abzulenken. Lenken Sie sich nicht so weit ab, dass Sie die Trauer leugnen. Die Trauer wahrzunehmen und zu verarbeiten, ist ein wichtiger Bestandteil davon, Ihren verstorbenen

Partner in Ihrer Nähe zu behalten. Mit der Nähe Ihres Partners und den Spielräumen in der Zukunftsgestaltung werden Sie Ihren Alltag und Ihr Leben dankbar annehmen. Vermeiden Sie zudem extreme Handlungen und machen Sie einen Bogen um Rauschmittel oder Drogen, die Ihnen nicht bei der Trauerverarbeitung helfen, sondern Ihnen nur schaden. Durch all diese Aspekte legen Sie die Basis für einen konstruktiven Umgang mit Ihrer Trauer, der den Beginn der Trauerüberwindung markiert.

Was ist Trauer?

Dieses Kapitel führt in den Begriff der Trauer ein, der eine Fülle an Emotionen umfasst und zunächst mit komplettem Unverständnis konfrontiert: „Wie kann der Partner, der eben noch für mich da war und mit dem ich eine Zukunft sowie Vergangenheit hatte, plötzlich fort sein? Das kann nicht sein und ist nicht wahr!" Dieses Unverständnis zu Beginn des Trauerprozesses ist völlig normal, ebenso wie es die weiteren Schritte des Trauerprozesses sind. Um Sie darauf vorzubereiten, was Sie erwartet, erhalten Sie im Folgenden eine genaue Einführung in die einzelnen Phasen des Trauerprozesses, damit Sie diesen gefasst begegnen. Erneut warten Übungen auf Sie, die Ihre Vorstellungskraft vorantreiben und Ihnen eine Stütze dabei sind, die einzelnen emotionalen Zustände nachzuvollziehen. Allem voran lernen Sie den tiefgreifenden Zusammenhang zwischen Körper und Geist kennen, der dafür sorgt, dass die Trauer sich so vielfältig und intensiv äußert. Basierend auf diesem Zusammenhang erfahren Sie Wege, wie Sie Körper und Geist Gutes tun können.

Über das Fehlen geliebter Menschen

Trauer ist mit dem Begriff Traurigkeit nicht gleichzusetzen. Letzterer bezeichnet das „Traurig-Sein", welches keinerlei triftiger Begründungen bedarf. Das „Trauern" jedoch ist ein langer Prozess, welcher einen klaren Grund hat: In Fall dieses Werks geht es dabei um den Verlust eines geliebten Menschen. Fortan fehlt er in Ihrem Leben. Diese klaffende Lücke ob des Verlustes kommt plötzlich. Selbst, wenn bereits zuvor bekannt war, dass Ihr Partner sterben musste (z. B. wegen einer Krankheit), so trifft Sie der Verlust dennoch schwer. Denn eben war Ihnen Ihr Partner noch nah. Nun ist er tot. Dies ist ein Zustand, auf den Sie sich nicht emotional vorbereiten können. Sie müssen sich diesem Zustand hingeben, um sich des Verlusts bewusst zu werden und die Trauer zu durchleben. Daran führt kein Weg vorbei ...

Vor kurzem noch so nah ...

In einem Interview des Schweizer Rundfunks (SFR)[3] waren die Psychologin Verena Kast und der Philosoph Wilhelm Schmid geladen. Sie beschäftigen sich beide intensiv mit dem Thema „Trauer" und haben Bücher verfasst. Verena Kast wird im weiteren Verlauf dieses Kapitels mit ihrem Phasenmodell zur Trauer noch eine Rolle spielen. Beide kommen in dem Interview häufig auf die Phase unmittelbar nach dem Tod des Betroffenen zu sprechen und verweisen auf einen Zustand der inneren Lähmung und der Ungläubigkeit.

Nicht anders wird es Ihnen ergehen, was völlig normal ist. Ob Partner, eigene Kinder, enge Freunde oder andere Personen, die soeben verstorben sind: Sie hatten eine enge Bindung und womöglich noch vor wenigen Tagen Kontakt zu der Person, wobei nun alles vorbei ist. Aufgrund der großen Bedeutung des Partners und Ihrer engen Verbindung zu diesem bricht Ihnen eine enge Beziehung weg; ein Stück weit sogar Ihre Identität. Dass Sie angesichts dessen ungläubig sind und die Realität nicht wahrhaben wollen, ist nur allzu verständlich. In dieser Phase glaubt man an gar nichts mehr ... Der Philosoph Wilhelm Schmid rät an dieser Stelle, den Zustand einfach zu akzeptieren. Irgendwann wird Ihnen die Realität bewusstwerden und Sie werden es akzeptieren. Zudem verweist die Psychologin Verena Kast darauf, wie wichtig es ist, sich hierfür Zeit zu nehmen. Im gleichen Zuge kritisiert sie die unmenschlichen Tendenzen, die sich in der heutigen Zeit im Handeln und in der Trauerverarbeitung von Menschen

---

[3] https://www.youtube.com/watch?v=mCfVGIfMq4k

widerspiegeln: Man müsse aufgrund von Arbeit oder anderen Verpflichtungen schnell funktionieren und dürfe sich keinen Raum zum Trauern lassen. Dies sei „unmenschlich", so Kasts Worte. Sie rät dazu, dann arbeiten zu gehen, wenn dies einer Person guttue, aber nicht, wenn es erzwungen sei. Im Vordergrund stehen Freiheiten in Kombination mit Ablenkung, um eine gesunde Trauerverarbeitung zu ermöglichen.

All diese Erkenntnisse aus dem Interview unterstützen die bereits vorhandenen Thesen, die eine Auszeit nach der Trauerfeier vorsehen, um den Tod akzeptieren und die Trauer verarbeiten zu können.

Phasen der Trauer

In ihrem Buch *Trauern – Phasen und Chancen des psychischen Prozesses* (1990) stellt Verena Kast ihre vier Phasen der Trauer vor. Diese ähneln anderen psychischen Modellen, u. a. dem weltweit angesehenen Modell der fünf Sterbephasen nach Elisabeth Kübler-Ross. Kübler-Ross jedoch verfasst ein Modell aus Sicht des Sterbenden, während das von Kast entwickelte Modell Trauernden eine Unterstützung ist. Sie stellt den Trauerprozess anhand von vier Schritten dar:

    I.   Phase des Nicht-Wahrhaben-Wollens

    II. Phase der aufbrechenden Emotionen

    III. Phase des Suchens und Sich-Trennens

    IV. Phase des neuen Selbst- und Weltbezugs

I. Nicht-Wahrhaben-Wollen

Eine faszinierende Tatsache ist die Frage, wieso uns Menschen der Tod geliebter und befreundeter Menschen so stark wehtut, wo wir doch seit spätestens unserer Jugend wissen, dass jeder Mensch einmal sterben muss. Selbst, wenn Sie bei einer Person damit rechnen, dass diese die Welt verlassen muss, weil sie beispielsweise alt oder krank ist, wird Ihnen dies psychisch zusetzen. Aber der Grund, weswegen Sie dennoch so stark getroffen sind und trauern, spricht absolut für Sie als Mensch: Emotionen.

Was uns Menschen auszeichnet, ist die Tatsache, dass wir imstande sind, zu fühlen. Dementsprechend schocken uns auch seit der Kindheit bekannte Gewissheiten, sobald sie eintreten. Der Verstand und das Gefühl sind zwei Komponenten unseres menschlichen Seins, die in Phasen der Trauer getrennt zu betrachten sind. Sie sind in der Lage, kognitiv zu verarbeiten, dass Menschen irgendwann sterben müssen. Doch dieser Tatsache emotional vorauszugreifen und sie wahrzunehmen, ist eine gänzlich andere Angelegenheit. Denn in der Phase, in der Sie eine geliebte Person verloren haben, und in den Tagen sowie Wochen danach merken Sie, wie viel Ihnen dieser Mensch gegeben hat, woran Sie zuvor nicht gedacht hatten: Geborgenheit, Inspiration, Einfühlungsvermögen, Unterstützung; um nur einige Dinge zu nennen. All dies fehlt nach dessen Ableben. Sie müssen diese Phase durchleben und sich dazu die besagte Auszeit gönnen.

> **Aus dem Leben anderer ...**
>
> Wir Menschen sind veranlagt, auf umfangreichere Weise zu trauern, als es Tiere tun. Dies lässt sich mit dem präfrontalen Cortex in unserem Gehirn erklären, der für die Regulierung der menschlichen Emotionen und die Reflexion von Geschehenem zuständig ist. Diese Reflexion muss zunächst erfolgen, was bedeutet, dass es die Distanz der Reflexion bedarf, um Geschehenes zu begreifen und emotional verarbeiten zu können. Das Tiere trauern können, scheint angesichts von Ereignissen, in denen Tiere ein gegenüber Kadavern ihrer Artgenossen auffälliges Verhalten zeigen[4], außer Frage zu stehen. Doch wir Menschen sind aktuell die einzige lebende Spezies, die in der Lage ist, umfangreich zu reflektieren und dahingehend Emotionen zu zeigen.

---

[4] https://www.spektrum.de/news/koennen-tiere-trauern/1655642

Sie werden in dieser Phase zunächst leugnen, was passiert ist, doch irgendwann – der Zeitpunkt ist bei jeder Person verschieden – werden Sie die Realität akzeptieren. Es ist von wenigen Tagen bis zu einer Woche Zeit für das Vorübergehen der ersten Phase einzukalkulieren. Je stärker Sie die Ratschläge aus dem ersten Kapitel zur Auszeit nach der Trauerfeier beherzigen, umso kürzer wird die erste Phase tendenziell ausfallen.

II. Aufbrechende Emotionen

In dieser Phase zeigt sich, wie vielschichtig der Trauerprozess ausfällt. „Trauern" ist nicht wie Traurigkeit eine Emotion, sondern ein Prozess, der sich durch eine unermessliche Vielfalt an Emotionen äußern kann:

- ❖ Wut
- ❖ Angst
- ❖ Zorn
- ❖ Niedergeschlagenheit
- ❖ Schuldempfinden
- ❖ Verzweiflung

Nimmt man das eingangs in diesem Kapitel erwähnte Interview mit Verena Kast und Wilhelm Schmid zur Hand, erfährt man wichtige Erkenntnisse zu dieser Phase. So ist diese Phase zunächst ein begrüßenswerter nächster Schritt in Ihrem Trauerprozess. Wenngleich Sie dazu neigen sollten, diese geballte Ladung an Emotionen durch Medikamente zu reduzieren, sollten Sie davon Abstand nehmen. Denn das Trauern ist ein wichtiger Schritt in Ihrem Entwicklungsprozess und allem voran die zweite Phase bringt zwar eine Menge negativer Emotionen mit sich, bringt Sie dafür aber ins Leben zurück: Sie beginnen, zu kämpfen! Vielleicht machen Sie nicht von Beginn an alles richtig und können im Affekt sogar Freunde oder Angehörige beschimpfen. Doch wenn Sie darauf achten, die überschüssige Energie in Aktivität und Ablenkung zu investieren, machen Sie alles richtig.

> **Hinweis!**
>
> Insbesondere bei Unfalltoten stellt sich die Frage nach dem „Warum". Der Tod des Partners erscheint sinnlos, was er vordergründig auch ist. Doch blicken wir tiefer hinter die Fassade, stellen wir fest, dass wir Menschen aufgrund unserer mangelnden Kenntnisse über die gesamte Existenz und das Universum nicht zuverlässig über Sinn oder Unsinn urteilen können. Aber dafür haben wir eine andere Macht: Wir können dem Tod im Nachhinein einen Sinn geben, wie Wilhelm Schmid im Interview mit dem SRF sagt. Dies kann beispielsweise passieren, indem wir eine Stiftung gründen oder uns in einer Stiftung engagieren, die Menschen betreut, die an derselben Krankheit leiden, wie es der eigene Partner tat.

Wenn Sie das Gespräch mit eng vertrauten Personen suchen, sinkt das Risiko für Meinungsverschiedenheiten sowie daraus resultierende Konflikte. Stattdessen tauschen Sie sich mit Gleichgesinnten über die Erlebnisse mit Ihrem Partner aus und halten die Emotionen unter Kontrolle. Was nach Auffassung von Verena Kast und Wilhelm Schmid in der zweiten Phase hilft, mit den Emotionen klarzukommen, sind Rituale. Darunter fallen auch religiöse Rituale. Es spiele keine Rolle, ob man an Gott und eine der Weltreligionen glaube. Aber allein der Brauch, Lieder zu singen oder für die Verstorbenen zu beten, verschaffe Ruhe und eine Akzeptanz des Zustands.

> **Übung!**
> Gehen Sie drei Ritualen nach: Jeden Sonntag in die Kirche gehen, am Friedhof jeden zweiten Tag eine Kerze anzünden und jeden Tag für den Partner beten bzw. mit diesem sprechen. Suchen Sie sich fest definierte Tageszeiten dafür und gehen Sie diesen Dingen nach. Es soll kein langer Besuch am Friedhof sein und ebenso kein langes Gebet. Vielmehr sollen die Momente bewusst wahrgenommen werden. Machen Sie dies zwei bis drei Wochen lang und führen Sie darüber Tagebuch, wie Sie sich mit den genannten Maßnahmen fühlen.

Rituale religiöser Natur haben etwas Überirdisches. Sie führen in eine Dimension, in der Sie selbst nicht leben, aber sich Ihr Partner der Auffassung einzelner Religionen nach befinden. Allein die Praxis eines derartigen Rituals verschafft Ruhe und bringt dem Überirdischen nahe.

III. Suchen und Sich-Trennen

In der dritten Phase des Trauerprozesses nach Verena Kast setzt das Suchen zunächst die konstruktiven Ansätze der zweiten Phase fort, indem die Emotionen wahrgenommen werden. Die Emotionen führen dazu, dass dem Verstorbenen durch Erzählungen und Erinnerungsaustausch mit anderen Menschen gedacht wird. Dabei wird der Mensch schmerzlich vermisst. Lassen Sie sich auf diese Phase ein und nehmen Sie sie ebenso bewusst wahr, wie es schon bei der zweiten Phase der Fall war. Ihnen wird auffallen, wofür der Begriff „Suchen" in dieser Phase steht, da Sie vermehrt dazu neigen werden, Ihrem Partner auf verschiedensten Wegen zu begegnen: Ob durch den Besuch eines Ortes, an dem Sie und Ihr Partner häufig waren, oder durch den Blick in die Augen Ihres Kindes, dessen Augen denen Ihres Partners ähneln. Gehen Sie diese Suche ein und stellen Sie sich unter Umständen sogar einen Reiseplan zusammen: Wenn Sie gezielt Orte besuchen und Ereignisse wiedererleben, die Sie in der Vergangenheit mit Ihrem Partner geteilt haben, werden Sie auf wundervolle Dinge stoßen, denen zu gedenken ein Geschenk für den Rest Ihres Lebens sein wird.

Gleichwohl werden Sie mit zunehmender Dauer der Suche feststellen müssen, dass Sie Ihren Partner vergeblich suchen. Es wird Zeit, sich zu trennen. Doch diese Trennung ist keineswegs einfach als Trennung zu bezeichnen. Denn wie Sie lernen durften, bleibt vieles von Ihrem Partner in Ihnen, Ihrer Familie sowie der Umgebung erhalten. Sie lernen in dieser dritten Phase, wie wichtig die Vorstellungskraft ist: Alles, was durch das Leben Ihres Partners in Ihnen erweckt worden ist, kann durch Ihre Psyche adaptiert werden. Somit ist Ihr Partner nah bei Ihnen, sofern Sie es sich vorstellen.

> **Übung!**
> Nehmen Sie sich drei Tage hintereinander an jedem Abend für eine halbe Stunde Zeit, um darüber nachzudenken, welche Glaubenssätze, Einstellungen und Verhaltensweisen Sie von Ihrem Partner gelernt haben, die Sie als positiv und wichtig für Ihr Leben erachten. Schreiben Sie Ihre Erkenntnisse auf und lassen Sie sich durch den Kopf gehen, wie es Ihnen gelingt, diese positiven Dinge Ihres Partners für sich zu adaptieren.

IV. Neuer Selbst- und Weltbezug

Verena Kasts Phasenmodell des Trauerprozesses schließt mit einem neuen Selbst- und Weltbezug, der vorsieht, dass Sie Ihren Alltag nicht mehr ausschließlich entlang Ihrer Trauer um Ihren Partner gestalten. Dabei bringt Kast die Überlegung ein, dass der Verarbeitungsprozess der Trauer Ihre Persönlichkeit neu geprägt hat. Es ist möglich, dass

Sie Verhaltens- und Denkweisen oder Hobbys Ihres Partners adaptiert haben. Oder aber Sie fassen den Mut, Entscheidungen und Handlungen durchzuführen, zu denen Sie Ihr Partner bisher ohne Erfolg ermutigt hatte. Verena Kast spricht in einem Interview mit dem SRF davon, dass alle Personen die ersten Phasen des Trauerprozesses mehr oder weniger gleich verbringen. Doch mit der letzten Phase kristallisieren sich neue Interessen – seien sie noch so fein – heraus.

Allem voran machen Sie im Verlaufe des Trauerprozesses die Erkenntnis, dass Sie nur mit anderen Menschen zusammen glücklich sein können. Die Bedeutung von Familie und Kontakten wird Ihnen bewusst – eine Bereicherung für Ihr ganzes Leben!

Parallelen zum gesamten Trauerprozess lassen sich übrigens in den einzelnen Beerdigungsritualen der Weltreligionen beobachten. Verena Kast eröffnet im Interview mit dem SFR den Vergleich mit dem christlichen Prozess der Beerdigung. Das Christentum nehme bei der Beerdigung den Trauerprozess bereits vorweg. Zunächst werde der Betroffene gesehen. Dies bereite anfangs noch Ungläubigkeit, die schnell den Emotionen weiche. Diese Emotionen würden durch die Predigt sowie Grabrede und unter Umständen eine begleitende Musik unterstützt und durch Erinnerungen in eine positive Richtung gelenkt. Die Betroffenen, so Kast, würden mit Menschen kommunizieren. Dies sei wohltuend für die Seele. Mit dem Sarg unter der Erde spiegele sich nach Kast die Endgültigkeit des Todes wider. Auf diese Trennung folge die Trauerfeier; also ein Fest, welches zeige, dass das Leben trotz des Verlustes weiterginge.

> **Aus dem Leben anderer ...**
>
> Von den Parallelen zum Trauerprozess, die die christliche Trauerzeremonie mit sich bringt, machte Jutta Maiberg (*Das letzte Hemd hat viele Farben*, Bode & Roth; 2018) bewusst Gebrauch, was ihr den Abschied von ihrem erst im Alter von 35 Jahren verstorbenen Mann erleichterte. Sie schloss den Sargdeckel höchstselbst, fasste die begleitende Musik als ein Leitmotiv für Ihren Trauerweg auf, ließ sich immer von ihren geliebten Menschen umgeben und nahm sich Zeit für den Abschied. Sie hatte keine Angst vor der Beerdigung, da sie sich bereits bei der Aufbahrung des Leichnams gemeinsam mit ihren Kindern umfangreich von Ihrem Mann verabschiedet hatte. Sie durchlebte die Trauer stets aktiv.

Wie Sie sehen, ist der Trauerprozess im großen Rahmen und partiell sogar in den Details vorab definiert. Sie sind mit Ihren Emotionen nicht allein, sondern in Gesellschaft. So, wie es Ihnen ergeht, ergeht es auch anderen. Nehmen Sie deswegen jede dieser Phasen hin und tun Sie mit den Kenntnissen, die Sie bisher erworben haben und im Laufe dieses Ratgebers noch erwerben werden, das Ihnen Bestmögliche, um diese Phasen bewusst zu durchleben sowie möglichst viel Kraft, Zuversicht und Erinnerungen an Ihren Partner aus dem Trauerprozess zu schöpfen.

Symptome der Trauer

Die Psyche eines Menschen hat weitreichende Wirkungen auf dessen Körper. In der Medizin findet man dafür den Fachbegriff Psychosomatik. Dieser meint, dass Körper und Psyche einer Wechselwirkung unterliegen[5]. Im Kontext der Trauer zeigt sich dies auf den verschiedensten Ebenen. Zwar ist

---

[5] https://lexikon.stangl.eu/1194/psychosomatik/

die Trauer von der Psychologie nicht genau erforscht[6], aber es lassen sich in der Therapie sowie im Beisein von trauernden Menschen Muster ausmachen, die als allgemein gültig im Trauerprozess angesehen werden dürfen. Sie erfahren im Folgenden die Vorgänge in Körper und Psyche. Die einzelnen dort genannten Aspekte werden vermehrt negativ klingen, sollen Ihnen aber keineswegs Zweifel oder Angst bereiten. Sie sollen vielmehr verstehen, dass sämtliche nachfolgend genannten Reaktionen von Psyche und Körper auf die Trauer normal sind. Seien Sie dementsprechend darin bestärkt, Ihre Trauer zu akzeptieren und alle Emotionen, die in Ihrem individuellen Fall der Trauer angehören, zuzulassen.

Auch die Gehirnforschung hat sich mit den Symptomen befasst[7]. Es zeigte sich, dass folgende Bereiche des Gehirns bei Trauer verstärkt betroffen sind:

- Hirnstamm
- Kleinhirn
- Limbisches System

Die ersteren beiden haben nichts mit den Emotionen zu tun, sondern sind für die Regulation gewöhnlicher Prozesse unseres Körpers verantwortlich. Dies reicht vom Atmen über das Schlafen und Essen bis hin zur Herz-/Kreislauffunktion. Diese Tatsache greift bereits einer Erklärung für die im weiteren Verlauf geschilderten Symptome eines Schlafmangels und beschleunigten Herzschlags sowie weitere körperspezifische Symptome voraus. Das limbische System als letzter der drei Punkte wiederum reguliert die Emotionen und das bewusste Gedächtnis. So wird das Emotionschaos verursacht. Neben dem Emotionschaos kann sich auch eine Desorientierung zeitlicher sowie örtlicher Natur breitmachen. Dies ist dem

---

[6] https://www.welt.de/gesundheit/psychologie/article148571273/Wenn-dich-die-Trauer-um-den-Verstand-bringt.html
[7] https://zeitzuleben.de/gehirnforschung-trauer/

Fakt geschuldet, dass das limbische System auch die menschlichen Orientierungsfähigkeiten steuert.

Was dazu führt, dass wir Menschen uns von der Trauer so überwältigen lassen, ist mit den genannten drei Bereichen noch ungeklärt. Hirnstamm, Kleinhirn und limbisches System steuern lediglich, was passiert, und erklären, wieso es passiert. Aber wieso ist es bei der Trauer ausgerechnet derart stark ausgeprägt? Dies ist mit der Hinzuziehung des Neokortex erklärt. Der Neokortex bestimmt darüber, in welchem Ausmaß wir handeln und denken. Somit ist durch den Neokortex der komplette Kontrollverlust erklärt, der die Hilflosigkeit zum Ausdruck bringt.

Was hilft, sind gezielte Beeinflussungen des Hormonspiegels in Hinblick auf die Glückshormone Serotonin und Dopamin. Eine solche Beeinflussung ermöglichen Aktivitäten und Maßnahmen, wie z. B. Ernährung und Sport. Ebenso hilfreich wirken die im nächsten Kapitel dieses Ratgebers geschilderten Methoden zur Trauerüberwindung.

Psyche: Stark betroffen, weitreichende Wirkung

Zu den ersten Gefühlen, welche Trauernde in der ersten Phase empfinden werden, gehört die Niedergeschlagenheit. Es fehlt jedweder Antrieb. Phasenweise zeichnen sich Parallelen zu der Erkrankung „Depression" ab, die ein medizinischer Ernstfall ist. Hier allerdings Entwarnung: So schnell manifestiert sich bei Ihnen keine Depression; es sei denn, Sie haben bereits eine Krankenakte, die in diese Richtung verweist. Sollten Sie zuvor an Depressionen gelitten haben oder immer noch leiden, ist angeraten, dass Sie in Ihrer Trauersituation direkt professionelle Hilfe beantragen oder sich Gesellschaft in Form von Angehörigen und engen Freunden suchen. Waren Sie vor dem Trauerfall psychisch gesund, müssen Sie sich in der ersten Phase der Niedergeschlagenheit keine Sorgen um Depressionen machen. Zunächst ist diese Phase normal und muss gelebt werden.

Allerdings können Depressionen auch bei gesunden Menschen zu einem realen Problem werden. Diese Gefahr besteht, sofern Sie die Trauer leugnen. Es sei an dieser Stelle nochmals die Wichtigkeit dessen betont, dass Sie sich auf den Trauerprozess einlassen und sich unter keinen Umständen von den Ansprüchen der heutigen Gesellschaft locken lassen, schnell funktionieren zu müssen. Denn selbst, wenn Sie sich in die Arbeit hineinstürzen und die Ablenkung funktioniert, besteht folgendes Problem: Ihr Unterbewusstsein wird die psychische Belastung wahrnehmen und entsprechend wird sich tief in Ihnen drin eine Last aufbauen, die Sie nicht mal wahrnehmen, weil Sie die Trauer verdrängen. So werden neben der Trauer ebenso andere Probleme von Menschen verdrängt. Sie haben die Chance, es anders zu machen!

Sofern Sie sich mit der Trauer befassen, werden ab der zweiten Phase des Trauerprozesses bei Ihnen viele Emotionen aufeinandertreffen, die von Wut über Schuldgefühle bis hin zu Enttäuschung und Traurigkeit führen können. Sie sind nach wie vor stark betroffen, doch diese Gefühlsschwankungen sind unvermeidbar und werden Sie Ihrem Ziel – der Akzeptanz der Unvermeidbarkeit und des Todes – näherbringen.

Bei alledem besteht die Möglichkeit, dass einem Trauma ähnliche Symptome hervorgerufen[8] werden. Diese führen schlimmstenfalls zu Albträumen und starkem Vermeidungsverhalten. Sollten einem Trauma ähnliche Zustände beobachtet werden, ist dies auf die Intensität der Bindung zu Ihrem Partner zurückzuführen. Zwar bringt das Trauma zunächst eine größere psychische Schieflage mit sich, doch auf der anderen Seite ist es ein positives Zeichen, weil es von einer besonders intensiven Bindung zwischen Ihnen und Ihrem Partner zeugt. Dies spricht für Sie als eine Person, die fähig ist, große Liebesgefühle für Menschen zu entwickeln. Bewahren Sie sich dies und lassen Sie sich die Fähigkeit für solche Emotionen nicht dauerhaft nehmen.

Schließlich zeigt sich, dass die Psyche auf vielfache Weise betroffen ist: Verschiedene Phasen mit verschiedenen Zuständen, potenzielle Traumata, Stress und ein Gefühlschaos

---

[8] https://www.therapie.de/psyche/info/ratgeber/lebenshilfe-artikel/trauer/artikel/

ohnegleichen treten bei dem Großteil der trauernden Menschen ein. Da die Verbindung zwischen Körper und Geist eng ist, werden sich diese Emotionen in Reaktionen des Körpers widerspiegeln.

Körper: Unerwartete Reaktionen und deren Hintergründe

Jede Emotion und deren Ausmaß haben eine andere Wirkung auf den menschlichen Körper. Große Unterschiede lassen sich zwischen der ersten und zweiten Trauerphase ausmachen. So hat die erste Phase, die des Nicht-Wahrhaben-Wollens, vermehrt Symptome, die denen einer Depression gleichen:

- Antriebslosigkeit
- Schlaflosigkeit
- Appetitlosigkeit

Die Niedergeschlagenheit führt dazu, dass wenig Energie gegeben ist. Da parallel dazu weniger Nahrung zugeführt wird, sinkt die Leistungsfähigkeit des Körpers umso mehr. In Kombination mit der Schlaflosigkeit ist die Regeneration auf einem absoluten Tiefststand. Sorgen Sie dafür, falls Sie sich in einer solchen Situation befinden, dass Sie sich in erster Linie möglichst ausgewogen und gesund ernähren. Zwingen Sie sich dazu, sich vor allem warme Gerichte zu machen. Es muss nicht unbedingt ein Frühstück sein, wenn Sie sich am Morgen kaum aufraffen können. Aber ein kalorienreiches warmes Mittagessen und am Abend eine warme Suppe schaffen im Körper Wärme; eine Wärme, die Sie vitalisiert. Falls Sie sich selbst nicht dazu in der Lage fühlen, sich Essen zuzubereiten, dann laden Sie enge Freunde oder Angehörige regelmäßig ein und bitten Sie um Unterstützung. So nehmen Sie sich selbst eine Menge Last ab und legen den Grundstein dafür, die erste Phase zu beenden und mit der zweiten Phase die Trauer weiter zu verarbeiten.

Ab der zweiten Phase, aber ebenso zwischendurch oder sogar verstärkt in der ersten Phase, spielen die folgenden Körperreaktionen eine Rolle:

- ❖ Übelkeit
- ❖ Schwitzen
- ❖ Kopfschmerzen
- ❖ Magen-Darm-Schmerzen
- ❖ Schwindelgefühle
- ❖ Kreislaufprobleme

Diese körperlichen Beschwerden lassen sich darauf zurückführen, dass eine Stressreaktion des Körpers eintritt. Angst, Trauer, Überforderung und weitere Probleme werden vom Körper ab einem bestimmten Ausmaß und Stadium in Form einer Stressreaktion verarbeitet. Allem voran angesichts der großen Bandbreite an Emotionen, die bei der Trauer eintreten können und dies meistens tun, entsteht bei der Trauer viel Stress. Durch eine verstärkte Ausschüttung des Hormons Adrenalin kommt es zu einem erhöhten Blutdruck und schnelleren Herzschlag. Auch der Blutzuckerspiegel steigt an. Insbesondere, wenn die Trauer gerade Angst oder Wut verursacht, macht sich dieser Effekt bemerkbar. Bereits kurzfristig manifestieren sich Probleme mit dem Herz-/Kreislaufsystem. Wenn Sie sicherstellen, dass Sie mit der Trauer konstruktiv und offen umgehen, haben Sie aber eine Chance, diese Effekte zu mindern und dauerhafte gesundheitliche Probleme zu vermeiden. Eine vermehrte Anfälligkeit für Krankheiten resultiert bei der Trauer aus der vermehrten Ausschüttung von Insulin, welches die Produktion der Interleukine stört, die wiederum für das Immunsystem essenziell sind[9]. Möchten Sie den Stressreaktionen des Körpers aus dem Weg gehen, ist eine Senkung des Stresspegels erforderlich. Dabei helfen die im ersten Kapitel genannten Tipps zur Aktivität: Setzen Sie Ihren Körper gemäß Ihren gesundheitlichen und altersbedingten

---

[9] https://www.spektrum.de/magazin/stress-und-hormone/ 820829

Möglichkeiten in Bewegung. Dies kann Sport sein, muss es aber nicht. Ebenso sind Gartenarbeit, Spaziergänge und Ausflüge ein Ausdruck von Aktivität. Gehen Sie dabei möglichst an die frische Luft, damit Sie Ihre Sinne wieder in Schwung bringen! Ein Vogelzwitschern hier, die frische Herbstluft dort und prächtige Farben, soweit das Auge reicht, bekämpfen den Stress. Darüber hinaus sorgt Bewegung für die Ausschüttung von Glückshormonen, was im Umkehrschluss direkt die Trauer mindert. Verwöhnen Sie Ihren Körper zudem: Die erwähnten Kurbäder, aber ebenso ein Abend im Warmen auf der Couch bei einem Film, der Ihnen bei der Trauerverarbeitung hilft, Entspannungsübungen und was Ihnen sonst noch in den Sinn kommen mag, sind Möglichkeiten, die Sie inspirieren sollten. Machen Sie einen Abend mit den besten Freundinnen oder Ihren Geschwistern, bei dem Sie sich eine angenehme Atmosphäre in gemütlichen Sitzen schaffen und einfach reden – gleichermaßen Balsam für die Seele wie für den Körper!

Alles in allem sind keine Wunder zu erwarten und Sie dürfen damit rechnen, dass die genannten Reaktionen des Körpers bei Ihnen eintreten werden. Aber mit Gegenmaßnahmen, die Sie in einem Ihnen zumutbaren Maße – was dies ist, entscheiden Sie höchstpersönlich – in Bewegung setzen, wird es Ihnen gelingen, sich Schritt für Schritt aus dem Strudel an Symptomen zu erholen und zu befreien.

Zusammenfassung: Der Weg führt über eine Akzeptanz der Trauer!

Akzeptanz bedeutet es, sich nicht gegen die Trauer zu wehren, sondern diese durchzumachen und als gestärkte Persönlichkeit mit neuen Interessen aus der Erfahrung herauszugehen. Was Kapitel 2 bereits vermittelte, wiederholte und führte dieses Kapitel weiter aus, indem es die Trauer mit all ihren Phasen als gesamten Prozess unter die Lupe nahm. Dabei durften Sie erkennen, dass am Anfang eine Phase der Lethargie steht, die von Unverständnis für das Geschehene begleitet ist. Nehmen Sie diese Phase an und durchleben Sie diese. Aber schaffen Sie durch warme Speisen, liebevolle Atmosphäre und freundliche Gesellschaft die Grundlage dafür, diese Phase für einen Fortschritt im Trauerprozess schnell zu überwinden. Sobald Sie Ihre Sinne ansprechen, werden Sie ins Leben gedrängt und sich des Verlusts gewiss. Hier beginnt die Verarbeitung der Emotionen überhaupt erst, indem Sie mit Wut, Schuldgefühlen, Angst und/oder anderen Gefühlen konfrontiert werden. All diesen Emotionen können Sie mit den Ratschlägen dieses Kapitels begegnen. Unterstützend werden Sie im weiteren Verlauf dieses Ratgebers hilfreiche Mittel zur Kontrolle der Emotionen auf den Weg erhalten. Wichtig ist nur, dass Sie die Trauer zulassen und ebenso die Emotionen. Bewahren Sie sich bei alledem stets Ihre Vorstellungskraft sowie die Erinnerungen an Ihren Partner: Diese beiden Komponenten bringen Ihnen Ihren Partner nahe, obwohl dieser eigentlich doch so fern ist.

Neun Wege zur Trauerüberwindung

1 Dieses Kapitel liefert Ihnen neun verschiedene Wege, um die Trauer zu verarbeiten und Ihres Partners zu gedenken. Die vorherigen Kapitel haben Ihnen mit dem Abschied vor und bei der Beerdigung sowie allem voran dem Trauerprozess bereits die wichtigsten Punkte illustriert. Diese Punkte zeigen, dass Ihre Gefühle normal sind. Ebenso normal ist ein depressiver bzw. lethargischer Zustand am Anfang des Trauerprozesses. In dessen Folge tritt ein Wirrwarr an Emotionen zutage. Um diesen Trauerprozess und sein wichtigstes Element – die Erinnerungen an den Verstorbenen – zu unterstützen, gibt es die folgenden neun Wege zur Trauerbewältigung. Diese Methoden sind nach den drei zeitlichen Ebenen, auf die sich die Trauer um den Partner beziehen kann, angeordnet.

Die ersten drei Methoden beziehen sich dabei auf die Vergangenheit und sind so gedacht, dass Sie diese nutzen, um die Vergangenheit zu verarbeiten, die Sie mit Ihrem Partner hatten. Sind viele gemeinsame Erinnerungen vorhanden, werden Sie lernen, diese auf vielfältige und beeindruckende Weisen zu verarbeiten. Die drei Methoden werden Ihnen eine Freude dabei bereiten, Ihrem Partner wieder nahezukommen und in den Erinnerungen einen Frieden zu finden, den Sie noch am Suchen sind.

Sollten Sie nicht allzu viele Erinnerungen haben, was bei einer kurzen Beziehung der Fall sein kann, so finden Sie in den nächsten drei Methoden definitiv eine Unterstützung: Die ersten drei Methoden beziehen sich auf die Gegenwart und sind Ihnen eine Stütze dabei, mit der aktuellen Situation ohne Ihren Partner klarzukommen. Sie lernen, wie Sie die aktuelle Leere mit einem Sinn füllen. Diese Methoden bezüglich der Gegenwart sind jeder trauernden Person eine große Hilfe.

Im weiteren Verlauf lernen Sie drei Methoden kennen, die sich der Zukunft widmen. Falls Sie eine langjährige Zukunft mit Ihrem Partner vor Augen hatten und sich nach der Möglichkeit sehnen, die Zukunft mit Ihrem Partner zu verbringen, so sind die entsprechenden drei Methoden für die Zukunft eine Stütze für Sie.

Zu guter Letzt werden Sie dazu inspiriert, den Tod aus einer bestimmten Sichtweise heraus zu betrachten, damit dessen Bedeutung sinkt und das Leben an dessen Stelle rückt.

1. Schritt: Fotografien und Videos – Wie Sie Ihre Erinnerungen bereichern und zum Lachen zurückfinden

Aus den ersten Kapiteln klangen die Erinnerungen und die persönliche Vorstellungskraft als wichtigste Faktoren heraus, um sich eine verstorbene Person auch über ihr Leben hinaus zu bewahren. Diese beiden Faktoren verstärken Sie, indem Sie auf Fotografien und Filmmaterial zurückgreifen, welches die verstorbene Person zeigt. Noch viel tiefgreifender geht die Tatsache, dass Sie mit Fotos und Videos sogar die Person in einer anderen Rolle kennenlernen, als es bisher der Fall war. Kannten Sie die Person nur in der Rolle des Partners, so ändert sich dies nun dadurch, dass Sie über Fotos und Videos einen Einblick in die Lebensphasen und Entwicklungszeiträume der Person erhalten. Dadurch erschließen Sie sich einen neuen Blick auf den Lebenskontext Ihres Partners. Zudem ermöglichen Sie anderen Angehörigen oder Freunden des verstorbenen Partners, sich besser zurückzuerinnern, was dazu führt, dass Sie von den Angehörigen und Freunden mehr über Ihren Partner erfahren. Sprachen Sie früher nur über Ihre Erinnerungen und wurden diese aus Ihrem Blickwinkel betrachtet, so kommt es durch die Vorlage von Bildern nun dazu, dass Ihre Gesprächspartner aus dem Nähkästchen plaudern:

- ❖ Von Ihren Freunden erfahren Sie, wie positiv der Partner von Ihnen sprach, wenn Sie nicht zugehört hatten: Hier verbergen sich Liebesbekundungen, die Sie noch nicht zu hören bekommen hatten!
- ❖ Lauschen Sie Ihren Kindern, dann teilen diese Ihnen mit, wie sich Ihr Partner in der Rolle des Vaters zu behaupten wusste, wenn Sie mal nicht zugesehen hatten: Von den heimlichen Naschereien, obwohl Sie dies verboten hatten, bis hin zu den Streichen, die Ihre Kinder und Ihr Partner im Zusammenspiel für Sie vorbereitet hatten!
- ❖ Sprechen Sie mit Ihren Schwiegereltern, dann erfahren Sie noch unbekannte Anekdoten darüber, wie sich Ihr Partner als Kind geschlagen hat: Von der Pubertät über die ersten Meilensteine im Beruf bis hin zu der Entdeckung der Liebe für Sie, die einen fantastischen Lebensabschnitt einläutete!

Holen Sie regelmäßig die Fotos und Videos heraus, so werden Sie bei jedem Mal etwas Neues über Ihren Partner lernen können. Gleichwohl werden Sie erkennen, wie wichtig es ist, regelmäßig Fotos zu schießen und Videos zu filmen. Fangen Sie spätestens von nun an damit an, jeden wichtigen Moment Ihres Lebens und den Ihrer eng Verwandten und Vertrauten sowie Freunde mit der Kamera aufzunehmen oder zu fotografieren. Daraus werden einzigartige Geschichten entstehen, über die sich in Zukunft zahlreiche Generationen freuen werden.

Eigene Filme schaffen

Was Sie bei Vorliegen von Video- und Filmmaterial machen können, ist zudem die eigene Kreation von Filmen. Es gibt Ihnen eine Aufgabe und ist allem voran in der Anfangsphase der Trauer eine sehr gute Möglichkeit, die Trauer zu verarbeiten. Tauschen Sie sich mit Ihren engsten Freunden und der Familie darüber aus, wie der Film werden soll, in welcher Reihenfolge einzelne Fotos erscheinen sollen und hinterlegen Sie passend dazu eine Musik.

> **Aus dem Leben anderer ...**
> Die Schaffung solcher „Lebensfilme" hat sich Tobias Pollmüller, studierter Medienpädagoge, zum Beruf gemacht und schreibt darüber im Werk *Nimm den Tod persönlich* (Roth, Schwikart, 2009): Er bekam die Nachricht von seinem überraschend schwer erkrankten Vater. Tobias Pollmüller, 32 Jahre jung, dachte auf dem Weg ins Krankenhaus darüber nach, wer dieser Mensch überhaupt außerhalb der Vaterrolle war. Er selbst kannte ihn nur in dieser Rolle, doch sein Vater war zugleich sehr viel mehr als nur der Vater. Plötzlich kam Tobias Pollmüller ein Gedanke: Priester versuchen bei der Trauerrede ein Bild von Verstorbenen zu erzeugen; aber wieso tun sie dies mit einer Rede und nicht direkt mit Bildern, die ohnehin viel mehr Raum für Vorstellungskraft lassen? Sein Vater überlebte letztendlich, doch Tobias Pollmüller erzählte ihm von seinen Sorgen, Gedanken und dem Plan, den er aus den Überlegungen auf dem Weg ins Krankenhaus entwickelt hatte: Er hätte einen Film aus den Fotos gemacht, die von seinem Vater existierten, und diesen auf der Trauerfeier gezeigt. Sein Vater war begeistert von dieser Vorstellung.

Bei offener Betrachtung ist diese Idee nur vorteilhaft, da durch die Fülle an Bildern bei einer Beerdigung jede Person angesprochen wird. Der Verstorbene wird nicht nur durch den Blickwinkel des einen Trauernden betrachtet, sondern durch die Bilder zur Sichtweise aus mannigfaltigen Blickwinkeln animiert. So kam es dazu, dass Tobias Pollmüller die Firma LEBENSFILM gründete, die seit neuestem keine Aufträge mehr annimmt, da sie durch die Vielzahl an Projekten bereits ausgelastet ist. Die Firma bot als Dienstleistung eine Filmerstellung aus Fotos an. Diese wurden nicht einfach nur nach und nach gezeigt, sondern es wurde auf verschiedene Weise heran- und herausgezoomt, um für jedes Bild eine zusätzliche, neue Sichtweise zu erwecken. Musikalische Hinterlegungen nach Wunsch und weitere Effekte rundeten das Gesamtpaket ab. Die Filme dauerten rund zehn Minuten lang.

> **Übung!**
> Erstellen Sie einen Lebensfilm für die verstorbene Personen, um die Sie trauern. Die Mindestlänge beläuft sich auf drei Minuten. Haben Sie kein technisches Vorwissen, dann genügt es, wenn Sie zunächst einige Fotos auf einem Tisch auslegen, im Hintergrund eine Musik laufen lassen und die Fotos nacheinander mit der Kamera durchlaufen. Nehmen Sie sich wirklich Zeit, damit jedes Bild intensiv wirken kann. Sollten Sie damit zufrieden sein und Lust auf mehr haben, dann können Sie Videoprogramme zum Schneiden verwenden. Falls Sie sich selbst nicht genügend damit auskennen, holen Sie sich Unterstützung von einer Person, die Ahnung davon hat, was allem voran bei jüngeren Personen der Fall ist.

„Lebensfilme", wie sie Tobias Pollmöller nennt, sind nicht nur für Beerdigungen geeignet. Es ist ebenso ein ausgezeichnetes Mittel, um mehrere Wochen nach der Beerdigung mit mehr oder weniger Aufwand ein wundervolles Andenken an Verstorbene zu schaffen. Dieses können Sie Familienmitgliedern beim Besuch zeigen oder an Angehörige per Mail, Post oder Messenger-Dienst auf Handys verschicken. Ebenso sind Lebensfilme für Sie persönlich, Ihre Kinder oder Freunde anwendbar, um abgeschlossene Lebensabschnitte wie die Kindheit, ein Studium, einen Karriereweg oder ein Projekt zu visualisieren.

Die Ehrfurcht vor dem Augenblick

Grundsätzlich haben gut geschossene Bilder eine schier unglaubliche Strahlkraft. Leider sind nicht alle Fotos gut geschossen. Suchen Sie sich deswegen, falls Sie einen Film aus Fotos kreieren oder Fotos aus anderen Gründen aus einer großen Auswahl auswählen, die Fotos aus, die besonders gut gelungen sind. Nun mögen Sie sagen, dass es Geschmackssache ist, welche Fotos gut und welche schlecht sind. Dies stimmt zwar, aber nichtsdestotrotz existiert jene Sorte Fotos, bei der die Begeisterung groß ausfällt ...

Ein gut geschossenes Foto zeichnet sich durch die Ehrfurcht vor dem Augenblick aus: Die Person, die das Foto gemacht hat, war bei dem jeweiligen Ereignis dabei. Jedes Ereignis hat den einen oder gar mehrere Augenblicke, die etwas Besonderes zum Ausdruck bringen. Stand beispielsweise eine Familienfeier an und es wurden Personen fotografiert, so hat exakt jenes Foto die größte Wirkung, welches die Personen am innigsten darstellt und die Atmosphäre des Abends am besten auffängt. Segmentieren Sie nach diesen Grundsätzen alle Fotos und stellen Sie aus den besten Fotos Ihre Filme zusammen. Schießen Sie die Fotos auch nach diesem Maßstab: Wenn Sie von jetzt an Ereignissen mit Ihrer Familie und Freunden festhalten, dann achten Sie darauf, die Fotos perfekt zu machen und die Emotionen sowie die Atmosphäre dieses Abends im Foto zum Ausdruck zu bringen. Es ist zwar wichtig, den Augenblick intensiv zu erleben, doch ebenso wichtig ist es, später unvergleichliche und maximal beeindruckende Erinnerungen an diesen Augenblick zu haben.

Ob bei Verstorbenen oder bei Lebenden: Sorgen Sie für unvergleichliche Foto- und Videoaufnahmen, um die kostbaren Momente zu bewahren! So entstehen wundervolle Lebensfilme. Und nun: Legen Sie mit dem Lebensfilm über Ihren Partner los, um diesen von einer anderen Seite kennenzulernen!

2. Schritt: Erinnerungsfeiern – Wie Sie auf ein erfülltes Leben zurückblicken

Eine Erinnerungsfeier findet in einem Abstand zum Tod statt, der mindestens einige Monate beträgt. Besonders sinnvoll ist sie am Todestag. Sind Sie und andere Personen vom Tod der geliebten Person derart stark getroffen, dass Sie sich monatelang niedergeschlagen fühlen, können im ersten Jahr zwei Erinnerungsfeiern sinnvoll sein. Welchen Weg Sie wählen, entscheiden Sie allein. Hier erfolgt lediglich der Ratschlag, am ersten Todestag – also ein Jahr nach dem Tod Ihres Partners – und danach mindestens alle drei Jahre zum Todestag eine Erinnerungsfeier durchzuführen. In diesen zeitlichen Abständen ist ein Mindestmaß gegeben, damit der Verstorbenen gedacht wird und die Erinnerungen Bestand haben.

Nun stellt sich die Frage, was eine solche Erinnerungsfeier beinhalten und wie sie organisiert sein soll. Darüber hinaus muss ein Programm festgelegt werden, um die Besucher zu unterhalten ... *Bereitet das alles viel Arbeit und Organisationsaufwand?*

Seien Sie ganz beruhigt: Zwar muss auch eine Erinnerungsfeier organisiert werden, doch lebt sie nicht wie andere Feiern von einem aufwändig zu gestaltenden Programm, das mit hohen Kosten einhergeht. Vielmehr handelt es sich um eine Veranstaltung, die von der Gesellschaft mit den Personen lebt und durch den Erinnerungsaustausch getragen wird. Dennoch haben Sie im Rahmen der Erinnerungsfeier Gestaltungsmöglichkeiten, um die Feier nach einem bestimmten roten Faden oder einer angestrebten Intention auszurichten.

Zunächst schaffen Sie mit den richtigen Gästen die optimale Grundlage: Laden Sie sämtliche Personen ein, die mit Ihrem Partner in Verbindung standen. Auch wenn einzelne geladene Gäste untereinander zerstritten sind, sollte Sie dies nicht aufhalten. Die besten Voraussetzungen, um in gemeinsamem Erinnerungsaustausch wieder Frieden untereinander zu schließen, ist im versöhnlichen und friedlichen Rahmen einer Erinnerungsfeier. Wählen Sie bei der Organisation einen geeigneten Ort. Sollten nicht zu viele Gäste geladen sein, dann ist unter Umständen die Einladung in Ihren Räumlichkeiten möglich, wo Ihr Partner mit Ihnen gewohnt hat. So wird bereits die Atmosphäre der Erinnerung geschaffen.

Die folgenden Dinge passen ins Rahmenprogramm einer Erinnerungsfeier:

- ❖ Auskleidung der Umgebung mit Erinnerungsstücken an Ihren Partner; z. B. Fotos, Sammlungen, ein Lebensfilm.
- ❖ Integrieren Sie weitere Dinge, die Ihr Partner geliebt hat, in den Veranstaltungsrahmen; z. B. Lieblingsessen, Lieblingsmusik.
- ❖ Teilen Sie – falls vorhanden – persönliche Dinge Ihres Partners; z. B. verfasste Briefe oder Dokumente, Videos mit Ihrem Partner.
- ❖ Integrieren Sie einen roten Faden in die Erinnerungsfeier; z. B. Programmpunkte, die nach jeder Stunde für fünf bis zehn Minuten durchgeführt werden und ein Thema behandeln.
- ❖ Animieren Sie die Gäste zu Gesprächen, in denen sie sich untereinander über Ihren Partner und die Erlebnisse mit diesem austauschen.
- ❖ Führen Sie gemeinsam Rituale durch; Beispiele für solche Rituale erhalten Sie im weiteren Verlauf dieses Kapitels.
- ❖ Wechseln Sie zwischendurch den Ort, indem Sie kurz an die frische Luft oder in einen anderen Raum gehen, wo Sie etwas Besonderes vorbereitet haben.

Schaffen Sie zudem einen Beginn und ein klar definiertes Ende der Erinnerungsfeier. Im Gegensatz zu einer üblichen Feier, wo sich das Gemenge nach und nach auflöst oder es durch den Alkohol feuchtfröhlich wird, ist hier ein würdevoller Umgang gegeben, der ohne ein klar definiertes Ende für Unbehagen sorgt. Definieren Sie bereits zuvor, wie lange die Erinnerungsfeier andauern soll, was in der Regel nicht in Form einer Zeitangabe, sondern durch einzelne Programmpunkte erfolgt. Insbesondere bei einer Erinnerungsfeier können die einzelnen Programmpunkte mehr Zeit in Anspruch nehmen als zuvor gedacht. Definieren Sie deswegen den Beginn zeitunabhängig anhand der Programmpunkte und laden Sie danach gern zu einem lockeren Ausklang ein, der allen Gästen freisteht.

> **Aus dem Leben anderer ...**
>
> Im Buch *Nimm den Tod persönlich* (Roth, Schwikart; 2009) wird die individuelle Trauergeschichte der Mutter Gisela Scheele erzählt, die ihre Tochter Esther im zarten Alter von 11 Jahren verlor. Sie führte eine Erinnerungsfeier durch, die sie mit drei Freundinnen plante. Dabei gestaltete sie den Raum, indem sie ihn mit geschriebenen Botschaften sowie Zettelchen ihrer Tochter dekorierte. Sie servierte den Gästen eine Auswahl aus den Lieblingsspeisen der Tochter zum Essen, worunter extralange Spaghetti, Möhren mit Kartoffeln und Mandarinen-Joghurt-Süßspeisen fielen. Es kamen nach Beobachtungen von Gisela Scheele Personen ohne Probleme ins Gespräch, die sich nicht kannten. Grund dafür: Mit Esther hatten sie ein gemeinsames Gesprächsthema. Eine Überraschung für Gisela Scheele war, als sie von der ehemaligen Klassenlehrerin von Esther ein Geschenk für Esther erhielt, welches die Schüler angefertigt hatten. Gisela Scheele wusste, Esther würde an diesem Tag stolz auf sie sein!

Nun stellen Sie sich diese Erinnerungsfeier vor, die beim Überbrücken der Trennung von Ihrer geliebten Person hilft: Lauter Menschen unterhalten sich angeregt über die Person und es ist angesichts des zeitlichen Abstands zur Beerdigung so, als würde alles normal sein. Die Kinder tauschen sich über das erste Mal Schwimmenlernen mit ihrem Partner aus und es scheint so, als würden dieser vielleicht gleich hinzukommen. Dieser Moment, in welchem die Trennung überwunden wird, vermag die Vergangenheit nicht ungeschehen zu machen, aber die Gegenwart ein Stück weit zu verändern.

Sollten Sie den Mut fassen – allein oder mit Unterstützung – eine Trauerfeier zu organisieren, dann treffen Sie eine Entscheidung, die das Potenzial hat, Ihnen unvergesslich positive Momente zu bescheren. Zu Beginn können Sie eine solche Erinnerungsfeier gern in einem kleineren Rahmen abhalten, um die Generalprobe für eine größere Feier zu machen.

Bewegende Worte in einem ungezwungenen Rahmen

Bei der Trauerfeier ist die Trauerrede ein großes Thema: Einige Trauernde lassen nur den Priester sprechen, der der Situation gewachsen ist. Andere wiederum sprechen selbst. Darüber hinaus gibt es die Möglichkeit, Gastredner sprechen zu lassen. Dies können fernere Angehörige oder gute Bekannte Ihres Partners sein.

Bei einer Erinnerungsfeier werden vom Ausrichter – also unter Umständen von Ihnen – Worte gesprochen. Zudem kommen, je nach Wunsch, ebenfalls andere Personen zur Sprache. Der Vorteil der Reden bei einer Erinnerungsfeier gegenüber den Reden bei der Trauerfeier ist die zeitliche Distanz und der lockerere Rahmen. Somit kommen Sie bei einer Erinnerungsfeier besser zu Wort, weil Sie die Situation nicht derart stark belastet wie zu Zeiten der Trauerfeier. Andere Personen kommen ebenfalls besser zu Wort, da mehr Zeit gegeben ist, das Programm nicht so strikt ist und der Anlass wesentlich ungezwungener ist. Schlussendlich ist eine Erinnerungsfeier dafür prädestiniert, dass bewegende Worte von einer Vielzahl an Personen der Menge mitgeteilt werden. Bei der Erinnerungsfeier kommt jede Person zu Wort – und genau daraus resultiert u. a. der unermessliche Reichtum, mit dem Sie und alle Anwesenden durch die Erinnerungsfeier beglückt werden.

Die Gäste animieren, sich mitzuteilen

Wie Sie im letzten Kapitel erfahren durften, hat das Sprechen mit Menschen den Vorteil, dass mit diesen geteilt wird. Es werden Emotionen, Erinnerungen, Erkenntnisse, Weisheiten und vieles mehr untereinander geteilt. Tatsache ist, dass Gäste dazu neigen, je ferner sie den Verstorbenen waren, sich zurückzuhalten, da sie meinen, sie hätten nichts Wichtiges mitzuteilen. Dies ist aber häufig ein Trugschluss! Personen, die Ihrem Partner ferner waren, tragen hinsichtlich der Erinnerungen schlummernde Schätze in sich. Denn die Tatsache, dass sie Ihrem Partner fern waren, lässt vermuten, dass sie diesen aus bestimmten Situationen kennen, die Ihnen wiederum nicht bekannt sind. Wenn Sie die entsprechenden Personen zu Wort kommen lassen, eröffnen Sie sich die Chance, eine andere Seite Ihres Partners kennenzulernen.

> **Aus dem Leben anderer ...**
>
> Eine trauernde Frau teilte sich Ihrer Nachbarin mit und berichtete davon, wie schwer der Verlust Ihres Mannes wog. Er war doch so lebensfreudig und sprach pausenlos mit Personen! Die Nachbarin hörte aufmerksam zu und sprach tröstende Worte. Aber erst in den Folgejahren, als die trauernde Frau Ihre Trauer halbwegs überwunden hatte, traute sich die Nachbarin, mit eigenen Erinnerungen an den Mann, mit dem sie oft gesprochen und den sie für sympathisch befunden hatte, die trauernde Frau zu konfrontieren. Sie teilte eine Gewohnheit bzw. eine Macke: Der Mann klopfte mehrmals in der Woche an der Wohnungstür und fand vor der Tür über die verschiedensten Dinge ins Gespräch. Wenn das Telefon in seiner Wohnung klingelte (das tat es oft, da er viele Gesprächspartner hatte), dann zog er seinen Hausschuh aus und blockierte damit die Wohnungstür der Nachbarin, während er kurz ans Telefon ging. Schließlich sollte die Tür nicht zugemacht werden, da das Gespräch noch nicht vorbei war. Der Nachbarin blieb keine andere Wahl, als die Tür offen zu lassen und auf den Mann zu warten. Als die Nachbarin dies der trauernden Frau erzählte, erfuhr die trauernde Frau von einer Macke, die sie noch nicht gekannt hatte. Sie brach in Lachen aus und sagte: „Ja, das hört sich ganz nach meinem Mann an!"

Exakt diese Erinnerungen sind es, die Ihnen ohne andere Personen und außerhalb von Erinnerungsfeiern möglicherweise entgehen. Sie lernen kleine „Macken" Ihres Partners kennen: Jeder Mensch hat seine Macken, wie man umgangssprachlich sagt. In einer Beziehung sind diese meistens die kleinen Dinge, die man über das große Ganze hinaus am Partner liebt. Nun war in diesem Erlebnis zwischen trauernder Frau und Nachbarin keine Erinnerungsfeier notwendig. Aber werden Erinnerungsfeiern abgehalten und geladene Gäste – sogar Nachbarn – ermutigt, zu sprechen, so ist die Wahrscheinlichkeit, dass faszinierende Details über den Partner geteilt werden, am größten.

3. Schritt: Aufarbeitung – Wie Sie ein einzigartiges Denkmal setzen

Dieses Unterkapitel führt Sie in die Kunst der Aufarbeitung ein, mit Hilfe derer Sie imstande sind, Ihrem Partner ein einzigartiges Denkmal zu setzen. Grandiose Geschichten überdauern die Zeit. Mit diesen Geschichten überdauern die darin vorkommenden Menschen. Durch die Aufarbeitung der Lebensgeschichte schaffen Sie eine würdige Darstellung des Lebens Ihres Partners. So werden Geschichten, die in der Familie über die Jahre weitergereicht werden, stets vom Guten in Ihrem Partner berichten. Dies verschafft Ihnen eine Erleichterung und hält Ihren Partner in Ehren.

Lebensgeschichten erzählen

Sie haben die Möglichkeit, Geschichten aus dem Leben Ihres Partners in kleinen oder größeren Kreisen zu erzählen. Dies ist für Sie selbst, für die Familie und die nachfolgenden Generationen wertvoll. Das Erzählen von Geschichten ist keine Kunst, aber damit die Geschichten mit ähnlich viel Enthusiasmus weitergegeben werden, müssen Sie ein paar Grundregeln beachten.

Dazu zählt u. a., dass die Geschichte passend zum jeweiligen Zuhörer gewählt wird: Wenn Sie beispielsweise eine

Person vor sich haben, die zu Zeiten der DDR und BRD gelebt oder die Wiedervereinigung Deutschlands erlebt hat, so ist dies für die entsprechende Person ein gutes Thema. Hat Ihr Partner gemeinsam mit Ihnen oder allein in den Strukturen der DDR, BRD oder im Rahmen der Wiedervereinigung eine besondere Erfahrung gemacht, können Sie dies gern der zuhörenden Person erzählen. Sie versteht den historischen Kontext und wird sich für die entsprechende Geschichte begeistern können.

Haben Sie wiederum Ihre eigenen Kinder, Kinder Ihrer Geschwister oder andere Personen bei sich sitzen, die nach der Wende geboren sind, wäre eine Geschichte über Ihren Partner im Kontext der Wiedervereinigung fehl am Platz. Unter Umständen würden die Zuhörer – allen Aufklärungsbemühungen zum Trotz – den geschichtlichen Kontext nicht verstehen. So wäre die Geschichte für die Zuhörer langweilig, weil ein Mangel an Identifikation damit gegeben ist. Aber Ihr Partner hat gewiss zu Kindheitszeiten lustige Dinge gemacht oder Erstaunliches erlebt, worüber es sich zu reden lohnt. Bereiten Sie dies für junge Zuhörer interessant auf, denken Sie sich vielleicht eine lustige Pointe dazu, und schon werden Sie merken, wie Sie die jungen Zuhörer für die Erinnerungen an Ihren Partner begeistern.

Achten Sie darauf, dass Sie die Geschichten nicht langatmig gestalten. Ist es kurz, prägnant und interessant, wirkt es mehr. Sicher werden Neugierige nachhaken und mehr wissen wollen. Geschichten sprechen sich nicht immer herum, aber manchmal. Mit der Zeit werden Sie merken, welche der Lebensgeschichten Ihres Partners am besten ankommen. Durch die möglichen Erzählungen von Generation zu Generation wird Ihr Partner sehr lange in Erinnerung verbleiben.

Verspüren Sie die Motivation, so können Sie den Familienstammbaum – falls vorhanden – fortführen. Leider haben heutzutage wenige Familien einen eigenen Stammbaum, sodass es Ihnen alternativ freisteht, den ersten Stammbaum anzufertigen. Auf einem großen Schriftstück oder gar einem Plakat und zusätzlich in digitaler Form auf einem Laptop wird so die Familienära festgehalten. Stammbäume sind eine faszinierende Sache, da dadurch jeder Familienangehörige seiner Wurzeln gedenken kann.

Ein Buch schreiben

Eine Gelegenheit, die gesamte Lebensgeschichte Ihres Parters niederzuschreiben, besteht in einem Buch. Bücher müssen nicht zwingend in Buchhandlungen stehen und verkauft werden

Schreiben Sie ein Buch für sich persönlich, welches in der Familie hin und her gereicht wird. Oder aber veröffentlichen Sie Ihr Buch als E-Book auf Amazon. Insbesondere durch die E-Books ist es einfach, heutzutage zum Autor zu werden. Sie schreiben Ihr Buch auf dem PC oder Laptop in einer Word-Datei oder einem alternativen Schreibprogramm. Daraufhin formatieren Sie Ihr Buch, wofür Sie sich Anleitungen im Internet anschauen können. Schlussendlich veröffentlichen Sie es. Geht es Ihnen darum, dass möglichst viele Personen die Geschichte Ihres Partners lesen, dann veröffentlichen Sie das Buch kostenlos. Ob es dazu kommt, dass Ihr Buch Erfolg hat und von mehreren Menschen gelesen werden wird, lässt sich nicht vorhersagen. Im Vordergrund steht ohnehin nicht die Vermarktung, sondern die persönliche Aufarbeitung. Durch das Buch bereiten Sie das Leben Ihres Partners auf, was mit diversen Vorzügen einhergeht:

- ❖ Sie erkennen Zusammenhänge: Bei der Betrachtung des großen Ganzen erschließen sich Ihnen Zusammenhänge, in denen sich widerspiegelt, welchen Sinn einige Geschehnisse im Leben Ihres Partners hatten.
- ❖ Sie verschaffen sich Gewissheit: Durch den positiven Rückblick auf das Leben Ihres Partners, den Sie in diesem Buch wiedergeben, verschaffen Sie sich die Gewissheit, dass Ihr Partner ein einzigartiges und erfülltes Leben hatte. So finden Sie Frieden und verarbeiten die Trauer besser.

❖ Sie bringen Ihre eigene Sichtweise ein: Dadurch, dass Sie Ihre eigene Sichtweise einbringen, spiegelt sich in dem Buch ein positives Bild Ihres Partners wider. So ist sicher, dass über die Zeit eine positive Meinung über ihn bestehen bleibt.

Der ungeheure Mehrwert eines Buches ist zudem, dass sich wohl kein Kritiker dazu aufraffen wird, Ihnen in Buchform zu widersprechen. Sofern eine Person existiert, die nach dem Tod Ihres Partners schlecht über diesen redet, werden die Kritiken mit der Zeit verstummen, während Bücher diverse Leben überdauern. Fertigen Sie mehrere Exemplare an und lassen Sie diese binden. Verteilen Sie die Bücher daraufhin und es besteht die Möglichkeit, dass in 100 Jahren noch jemand zufällig über die Geschichte stolpert – eine blendende Perspektive, für die Ihren Partner und jede andere verstorbene Person jederzeit dankbar wäre!

> **Übung!**
>
> Schreiben Sie ein Kapitel. Es muss nicht das erste oder das letzte Kapitel des Buches sein. Wählen Sie eine Erinnerung oder ein Erlebnis aus dem Leben Ihres Partners, über welches Sie schreiben möchten. Es kann auch ein Lebensabschnitt sein. Sofern Sie das Ereignis miterlebt haben, fällt es Ihnen leichter, authentisch zu berichten. Es steht Ihnen aber auch frei, in diesem Kapitel über etwas zu berichten, wo Sie nicht dabei waren, wie beispielsweise die Kindheit ihres Partners. Zapfen Sie die Quellen aus der Familie an, die Sie benötigen, und suchen Sie mit den Personen, die darüber berichten können, das Gespräch.

Im Internet gibt es ein reichhaltiges Angebot an Ghostwritern. Nutzen Sie dieses, falls Sie sich selbst mit dem Schreiben überfordert fühlen. In diesem Fall liefern Sie dem Ghostwriter Ihre Notizen, Sprachaufnahmen und Bildmaterial und weisen ihn mit allen Details in den Auftrag ein. Er hat die Aufgabe, die Geschichte attraktiv in Worte zu verpacken. Da es viele schwarze Schafe gibt, ist empfohlen, dass Sie sich von dem Ghostwriter Referenzen vorlegen lassen und zunächst Angebote von mehreren Autoren einholen.

4. Schritt: Abstand – Wie das Reisen neue Erkenntnisse fördert

Wenn wir Menschen uns in einer emotional belastenden Situation befinden, wünschen wir uns eine Veränderung der Situation herbei. Rein räumlich betrachtet ist dies ohne Probleme umsetzbar: Wir verlassen den Ort und ändern damit die Situation. Allerdings hat der Wechsel des Zimmers keinerlei signifikante Wirkung. Verlassen wir jedoch die Wohnung und gehen einige Schritte, so verändert sich die Situation mit jedem Schritt ein Stück weit mehr: Das eine Mal treffen Sie einen Bekannten und begrüßen sich, das andere Mal weht Sie ein starker Windstoß aus der Tiefe Ihrer traurigen Gedanken. Nicht umsonst wurden Ihnen Spaziergänge vorgeschlagen. Doch auch diese haben eine begrenzte Wirkung, da sie sich meistens in einer bereits bekannten Umgebung abspielen. Möchten Sie Ihre Situation noch umfassender verändern, dann müssen Sie ein paar Schritte drauflegen, um sich noch mehr zu distanzieren. Eine Maßnahme mit seit Jahrtausenden besonderer Wirkung ist das Reisen.

Wie lange soll es dauern und wohin soll es gehen?

Wie lange das Reisen dauert, hängt von der Mission ab, die Sie zu begehen gedenken, und der Zeit, die Sie sich nehmen. Eine mögliche Mission ist, Orte zu bereisen, die Ihr Partner mochte. Haben Sie die Asche Ihres Partners, so können Sie diese dort zum Teil oder auch ganz verstreuen. Durch die Mitnahme der Asche befindet sich Ihr Partner einerseits mit Ihnen gemeinsam auf der Reise, andererseits sorgen Sie mit dem Verstreuen der Asche dafür, dass er dort zur Ruhe kommt, wo er gern wären. Haben Sie keine Asche, weil Ihr Partner beerdigt wurden, dann können Sie anstelle der Asche symbolisch andere Dinge nehmen, wie beispielsweise einzelne Gegenstände, die Sie am jeweiligen Ort belassen. Der Umfang der Reise und die Dauer hängen von Ihren finanziellen und zeitlichen Möglichkeiten sowie der Verantwortung, die Sie daheim zu tragen haben, ab. Sind Sie Mutter und müssen sich um Ihre Kinder kümmern, dann ist es unter Umständen nicht möglich, zu einer Reise aufzubrechen. Behalten Sie sich in diesem Fall die Reise für einen zukünftigen Zeitpunkt vor.

Für eine Reise müssen Sie nicht zwingend tief in den Geldbeutel greifen: So gibt es Berichte von Personen, die Hals über Kopf zu Fuß aufbrachen, um den Jakobsweg entlang zu pilgern. Zehn Tage lang mit knapp 20 Kilometern täglicher Wanderung ist beispielsweise auch das Angebot von TrauDichReisen[10], welches in einer Gruppe von Personen entlang des Jakobswegs von O Cebreiro bis Santiago de Compostela führt. Solche Angebote und ebenso kleinere Reisen gibt es zahlreich im Internet, wenn Sie nach Schlagwörtern wie „Reisen für Trauernde" oder „Trauerreisen" bei Google suchen.

Sollten Sie die Möglichkeit und Bereitschaft für eine Reise haben, dann empfiehlt sich eine längere Reise, um gezielt einzelne Etappen abzuarbeiten. Etappen können Sie selbst mit einer Symbolwirkung oder einzelnen Aufgaben versehen. Sollten Sie ein Etappenziel erreicht haben, dann können Sie ein Ritual wie einen Lebenstanz im Sonnenuntergang durchführen. Über Lebenstänze erfahren Sie im folgenden Unterkapitel nähere Informationen.

Haben Sie nicht die Zeit, um für mehrere Wochen zu verreisen, dann legen Sie für jeden Monat eine Wochenendreise fest. Der Vorteil kurzer Wochenendreisen ist, dass Sie für diese Reiseart eher eine Begleitung finden. So ist es Ihnen möglich, jede Wochenendreise einem Aspekt Ihrer Trauer zu widmen (z. B. erste Wochenendreise für die Schuldgefühle)

---

[10] https://www.traudichreisen.de/angebot/reisen/pilgern-auf-dem-jakobsweg/

und hierfür verschiedene Begleitungen zu organisieren. Durch die Begleitung erhalten Sie vielfältige Blickwinkel auf den jeweiligen Aspekt der Trauer.

Begegnungen sind das Ziel

Ein wirklich schönes und treffendes Zitat legt eine Sichtweise auf Reisen offen:

„Das Ziel jeder wirklichen Reise liegt in der Begegnung,

in der Begegnung mit uns und anderen Menschen."

- Prof. Dr. Dietrich Grönemeyer (deutscher Mediziner, Autor und gemeinnütziger Stifter; *1952)

Entscheiden Sie sich für eine Reise, die Sie entlang historischer Pilgerwege oder allgemein berühmter Attraktionen entlangführt, dann begegnen Sie Menschen, mit denen Sie mit der Zeit ins Gespräch kommen. Im Rahmen dieser Begegnungen muss gar nicht über Ihren Partner gesprochen werden. Sie können sogar einen Grund für Ihre Reise erfinden, falls es Ihnen zu persönlich ist, über Ihre Trauer und den Verlust zu sprechen. Dennoch werden Sie von den Begegnungen mit anderen Menschen profitieren, da die verschiedenen Blickwinkel und Meinungen Sie bereichern werden. Noch viel reichhaltiger werden Ihre Begegnungen mit Mitmenschen sein, wenn Sie sich gegen das Nächtigen in teuren Hotels entscheiden und dafür in Unterkünften für mehrere Personen Platz nehmen; also in Hostels und Herbergen. Denn hier verschließen sich die Personen nicht in ihren Suiten, sondern sind offen zugänglich. Wie Sie merken, soll es sich bei einer Trauerreise nicht um einen Luxusurlaub handeln, sondern um eine bescheidene Reise, die der Selbstfindung, der Emotionsverarbeitung und dem Erkenntnisreichtum dient.

Letzten Endes steht es Ihnen frei, die Reise nach Ihrem Belieben durchzuführen. Spricht Sie die Wanderung und das Aufeinandertreffen auf Menschen nicht an, dann können Sie ebenso gern den Flieger nehmen und ein eigenes Programm aufziehen. Doch denken Sie daran, dass in New York, Tokio, Monaco und Paris eher die Ablenkung präsent ist als die Trauerverarbeitung. Solche Großstädte – und ebenso Großstädte in Deutschland – empfehlen sich nur dann als Reiseziel, wenn Sie für den Partner eine besondere Bedeutung hatten. Kommt der Partner ursprünglich aus einem anderen Land, dann kann der Besuch dieses Landes samt seinen Großstädten sinnvoll sein. Den größten spirituellen Mehrwert erfahren Trauernde bei einer umfangreichen Betrachtung allerdings dort, wo Ruhe, offene Mitreisende und Bescheidenheit gegeben sind, um an sich und der Trauer arbeiten zu können. An den ruhigen Orten und auf speziellen Pilgerwegen treffen Sie nämlich auf Gleichgesinnte; Personen, die weder zum Feiern noch zum Joggen den Ort aufsuchen, sondern Personen, die Antworten und Weisheiten suchen. Exakt dies ist auch Ihr Ziel, sodass sich wichtige Gemeinsamkeiten ergeben.

5. Schritt: Rituale – Wie Sie durch neue Gewohnheiten einen Anker finden

Rituale sind Gewohnheiten: Sie finden regelmäßig statt und gehen dementsprechend in Fleisch und Blut über. Außerdem schaffen sie Ordnung, da feste Zeitpunkte für Rituale definiert werden. Rituale sind auch in Religionen zu beobachten, wenn beispielsweise vor oder nach dem Gottesdienst am Sonntag eine Kerze für Verstorbene angezündet wird. Auch Gebete sind Rituale. Vor der Beerdigung gehört in verschiedenen Kulturen die Waschung des Leichnams zu den Ritualen. Im Folgenden werden Ihnen drei Rituale vorgestellt, die einen kreativen Ansatz zur Trauerverarbeitung repräsentieren. Verstehen Sie die folgenden Ausführungen als einen Anreiz, die Rituale selbst auszuprobieren oder aber sich umfangreich über weitere Rituale zu informieren. Neben den drei vorgestellten Ritualen werden im Laufe dieses Kapitels einige weitere Rituale erwähnt, sodass Sie mit einem reichhaltigen Ritual-Portfolio diverse Möglichkeiten zur Trauerverarbeitung haben werden.

Briefe an die Toten

Ein einfaches Ritual ist das Schreiben von Briefen an Verstorbene. Es bedarf keinerlei Organisation, Lernen oder großartiger Materialkosten. Sie sind lediglich auf einen Stift und ein Blatt Papier angewiesen, wobei es beides meistens bereits im Haushalt gibt.

Schreiben Sie in regelmäßigen zeitlichen Abständen, damit das Schreiben als ein Ritual gewertet werden kann und ein konstanter Anker für Sie ist. Sie dürfen über alles schreiben, was Ihnen gerade am Herzen liegt. Verhalten Sie sich dabei so normal, als würden Sie einen Briefaustausch oder einen Chat mit der verstorbenen Person führen. Sie werden merken, dass es befreiend wirkt, die Sorgen, Erfolge, Liebe und weitere Emotionen sowie Geschehnisse mit Ihrem Partner zu teilen. Es braucht manchmal keine Antwort, sondern nur das Zuhören.

> **Hinweis!**
> Neben dem Verfassen von Briefen ist das Beschenken der Verstorbenen ein empfehlenswertes Trauerritual. In diesem Fall kaufen oder basteln Sie Geschenke zu Tagen, an denen früher, als Ihr Partner noch lebten, Geschenke ausgetauscht wurden. Dies sind allem voran die Weihnachts-, Oster- und Geburtstagsfeiertage..

Die größere Frage ist, wie Sie mit dem geschrieben Brief verfahren. Zum einen besteht die Option, die Briefe aufzubewahren und zu sammeln. Zum anderen lässt sich mit dem Brief ein gewähltes Ritual vollführen. Als ein solches Ritual empfiehlt sich die Flaschenpost, bei der Sie eine Flasche mit dem Zettel innendrin ins Meer werfen. Wesentlich einfacher und mit tiefgründigerer Bedeutung ist das Verbrennen des Briefes. Der Rauch, der aufsteigt, dient als Zeichen dafür, dass der Inhalt des Briefes in dieser Form den Weg zu Ihrem Partner findet.

Gedenkstücke nutzen

Ihr Partner hatte Kleidung, die sie gern getragen haben. Eventuell gab es Schmuckstücke. Werfen Sie nicht alles weg und verkaufen Sie es nicht, sondern behalten Sie bestenfalls das bei sich, was für Sie die größte Bedeutung hat. Ist der alte und deutlich abgenutzte Pullover, den Ihr Partner daheim trug, noch vorhanden, so verbirgt sich hinter diesem eine Gewohnheit, die in Ihrem Haushalt stattfand. Dieses Kleidungsstück können Sie an ausgewählten Tagen daheim tragen. Ein Schmuckstück ist sogar durchgehend tragbar.

Sagt Ihnen dieses Vorgehen nicht zu, besteht die Möglichkeit, regelmäßig die Lieblingsmusik Ihres Partners zu hören. Gibt es ein Lied, welches eine besondere Bedeutung hat, weil Sie und Ihr Partner sich bei diesem Lied kennenlernten, so können Sie dieses jeden Abend oder einmal in der Woche anhören und sich dabei in einer ruhigen sowie erdenden Umgebung hinsetzen.

Es existieren viele Dinge und Aktivitäten, die Sie nutzen können, um Ihrem Partner zu gedenken. Erwägen Sie dies als Ritual, da es ebenso einfach umsetzbar wie das Briefeschreiben ist.

Lebenstänze für einen unkonventionellen Umgang mit der Trauer

Das wort- und geräuschlose Betrauern von Menschen hat bereits seit Jahrtausenden Tradition in der menschlichen Geschichte. Dabei kommt Tänzen und Klagegesten in verschiedensten Kulturen eine Bedeutung zu. In der christlichen Religion finden Tänze hin und wieder ebenfalls Anwendung. Vereinzelt wird in Kirchen an dem Tag des Totengedenkens am 2. November ein Tanz angestimmt. Im schlichten und schwarzen Anzug zündet ein Mensch eine Kerze an und beginnt, seine Trauer unter der musikalischen Begleitung der Orgel zum Ausdruck zu bringen. Dabei geht er langsam zu Boden, zu den Seiten, stellt sich mit ausgestreckten Armen hin, bewegt die Arme zur Brust und wieder zurück und bringt dabei eine Geschichte zum Ausdruck, die vom Kommen und Gehen des Menschen auf der Erde erzählt und die Trauer zum Ausdruck bringt.

> **Aus dem Leben anderer ...**
>
> Im bereits vielfach zitierten Buch *Nimm den Tod persönlich* (Roth & Schwikart, 2009) berichtet Dr. Felix Grützner von seinem Angebot, welches sich auf der Website www.lebenstaenzer.de[11] einsehen lässt. Darin geht es darum, in Choreografien und Workshops den Umgang mit den Emotionen, mit der Trauer durch den Verlust eines geliebten Menschen und mit weiteren Aspekten zu erlernen. Er erwähnt, wie er den Lebenstanz auf einer Beerdigung vorführte und dabei zu der Musik des Lieblingskomponisten der Verstorbenen tanzte. Wie sich die Verstorbene im Zuge ihrer Krankheit langsam und mit immer weniger Energie auf den Tod vorbereitete, so verließ auch Dr. Felix Grützner als Tänzer im Laufe der Zeit die Trauerhalle, während die Musik aus der Flöte leiser wurde.

Sie können Lebenstänze professionell bei Angeboten wie von Dr. Felix Grützner erlernen oder aber Sie lassen sich durch Videos im Internet inspirieren und entwerfen Ihren eigenen Tanz. Im Grunde genommen geht es nur darum, mit dem Körper das zum Ausdruck zu bringen, was Sie fühlen. Jede Bewegung hat eine symbolische Wirkung. Als regelmäßiges Ritual lässt sich der Lebenstanz in Form eines Workshops mit festen Terminen in den Alltag eingliedern. Ebenso haben Sie die Möglichkeit, den Lebenstanz zu einem Bestandteil einer Erinnerungsfeier werden zu lassen, indem Sie diesen mit einer Gruppe anderer geladener Gäste einstudieren. Dabei entwerfen Sie im Rahmen der Vorbereitungen auf die Erinnerungsfeier eine Choreografie, bei der der Lebenstanz ein Bestandteil ist.

---

[11] http://www.lebenstaenzer.de/

Alles in allem ist der Tanz als Element der Trauer als ein unkonventionelles Mittel anzusehen. Viele Personen würden sich zurückhaltend zeigen und sich schämen, Ihre Trauer derart offensiv und ungewohnt vor Menschen zum Ausdruck zu bringen. Ist dies bei Ihnen ebenso der Fall, so sei an dieser Stelle nochmals erwähnt, dass Sie zu keinem der Vorschläge in diesem Ratgeber gezwungen sind. Aber zweifelsohne werden Sie die Menschen bei einer professionell erlernten sowie einstudierten und nach Plan vorgetragenen Choreografie für Ihren Mut bewundern. Im gleichen Zuge wird Ihnen die Bewegung guttun, da Sie durch die Bewegungen eine Entspannung erfahren, die Beschwerden der Trauerphase zu lösen vermag. Zudem lenken Sie sich durch die Konzentration auf einzelne Bewegungsabläufe ab; Sie verarbeiten also die Trauer, ohne komplett in den entsprechenden Gedanken gefangen zu sein.

6. Schritt: Lehrreiche Geschichten – Wie Sie sich durch Filme und andere Medien inspirieren lassen

Nutzen Sie die nachfolgend genannten Medien am besten erst, wenn Sie sich dafür bereit fühlen. Dann werden Sie den drei Büchern, drei Filmen und drei Liedern in diesem Unterkapitel offen begegnen. Jedes der vorgestellten Werke hat eine eigene Botschaft und alle zusammen decken sie das Thema Trauerverarbeitung von unterschiedlichen Seiten ab.

Bücher, die die richtigen Worte finden

Es gibt unter Büchern, die sich mit der Trauer beschäftigen, Werke, die sich von der wissenschaftlichen Seite annähern und trockener Stoff für berufliche Zwecke von Psychologen oder Medizinern sind. Neben diesen Werken existieren Ratgeber, wie dieser hier, und Romane, die einzelne Geschichten erzählen. Da Sie bereits den Ratgeber in der Hand halten, werden Ihnen nun drei Romane präsentiert. Diese erzählen Geschichten, die möglicherweise andere Situationen ansprechen als die, in der Sie sich befinden. Aber den Unterschieden zum Trotz werden Sie jedem der Werke einzelne Erkenntnisse entnehmen können, die Sie in Ihrer individuellen Situation voranbringen.

Weiß der Himmel von dir (Alicia Bessette)

Alicia Bessette setzte mit dem Roman *P.S. Ich liebe dich* bereits eine Duftmarke, die sogar verfilmt wurde und weltweit die Herzen bewegte. Nun betritt sie mit dem Roman *Weiß der Himmel von dir* die Bühne erneut und liefert eine Geschichte, die in einigen Hinsichten Parallelen zum Werk *P.S. Ich liebe dich* aufweist, aber eine in vielerlei Hinsicht neue Geschichte erzählt.

Nach dem Tod ihres Mannes Nick bei einer Hilfsaktion für Opfer des Hurrikans Katrina in New Orleans schließt sich dessen Frau Zell mehr als ein Jahr von der Gesellschaft ab. Mit ihrem Mann war sie innig: Getanzt wurde an jedem Ort und an jeder Stelle, sogar im Wohnzimmer. Sie fochten nächtliche Rennen mit ihrem gemeinsamen Hund aus. Nun – mit seinem Tod – ist alles weg. Erst, als ihr Hund aus den heimischen vier Wänden ausbricht, fühlt sich Zell gezwungen, das Haus zu verlassen und sich auf die Suche nach ihm zu begeben. Auf dieser Suche trifft sie zufällig auf ihre neuen Nachbarn – ein Mädchen, welches sich sofort einen Weg in Zells Herz bahnt, und deren Vater. Zudem bekommt sie von einem Kochwettbewerb mit, bei dem der Sieger einen hohen Geldbetrag als Prämie bekommt. Sie nimmt sich vor, diesen Betrag zu gewinnen, um mit dem Geld die Mission ihres Mannes fortzusetzen: Mit der Spende möchte sie die Opfer des Hurrikans in New Orleans unterstützen, wie es ihr Mann gewünscht hätte. Dabei erfährt sie von mehreren Seiten Unterstützung und entdeckt neue Seiten an sich.

Das Buch strotzt nur so vor Aktivität und Geheimnissen. Zu einzelnen Themen verrät die Autorin gar nichts, wie beispielsweise zum genauen Tod von Nick. Das Buch erfährt aufgrund der vielen Fragezeichen, die es hinterlässt, einiges an Kritik in der öffentlichen Rezeption. Doch Sie werden hinter die Kulisse blicken und merken, dass es gar nicht darum geht, wie einzelne Dinge geschehen sind und was sich hinter gewissen Rätseln verbirgt. Im Fokus steht rein der Umgang mit der Trauer. Ein exzellentes Buch, das genau den richtigen Schwerpunkt findet und ein lebendiges Plädoyer für einen offensiven Umgang mit der Trauer und die Suche nach einem neuen Sinn im Leben ist – *ein Aufruf zur Liebe!*

Ich werde immer da sein, wo du auch bist (Nina LaCour)

In diesem Roman liest Caitlin das Tagebuch ihrer besten Freundin Ingrid. Grundsätzlich würde an dieser Stelle der Aufschrei bzw. die Bemerkung folgen, dies sei unangebracht. Aber angesichts der Tatsache, dass Ingrid tot ist, muss die Frage differenzierter betrachtet werden. Caitlin jedenfalls liest im Tagebuch ihrer Freundin und erhält dadurch einen Einblick, wieso sich Ingrid das Leben genommen hat. Suizid ist ein Thema, welches in Romanen selten aufgegriffen wird und einem Tabu gleicht. Nina LaCour traut sich in ihrem Werk *Ich werde immer da sein, wo du auch bist* an dieses schwierige Thema heran und trägt die Handlung abwechslungsreich vor. Unter anderem sind Briefe von Ingrid enthalten, die authentisch von deren Gemütslage berichten und eines zeigen: Es gibt Fälle, in denen man eine Person nicht oder kaum retten kann. In solch einer Situation befand sich Ingrid. Caitlin lernt im Laufe des Buches, mit ihren neuen Erkenntnissen umzugehen und das Schicksal der Freundin als eine Befreiung anzusehen.

Das Buch thematisiert mit dem Suizid eine Form des Todes, die als Thema in der öffentlichen Wahrnehmung noch stark gemieden wird. Insbesondere deswegen wird es womöglich nur einer Handvoll Lesern wirklich zusagen. Im großen Ganzen ist das Buch für Personen, die einen Menschen durch Suizid verloren haben, eine gute Lektüre – *ein Aufruf, im Tod die Befreiung zu sehen!*

Am Meer dieses Licht (Fanny Wobmann)

Fanny Wobmanns *Am Meer dieses Licht* sticht aus der Menge der vorgeschlagenen Bücher in diesem Unterkapitel hervor, weil zu Beginn niemand verstorben ist. Laura ist eine junge Frau, die in England, außerhalb ihrer französischen Heimat, ihre ersten Erfahrungen mit Arbeit und Liebe macht und parallel ihre Großmutter im Krankenhaus besucht, die bald sterben wird. Beide Frauen erzählen sich gegenseitig Geschichten, wobei vor allem die Großmutter über ihr ganzes Leben berichtet – anfangs noch mit Gehorsam durchs Leben schreitend, wurde sie im Laufe ihres Lebens zur Rebellin. Exakt diese Lebensgeschichte wird anhand vieler einzelner Geschichten von Autorin Fanny Wobmann einzigartig und gelungen in den Kontext der Gegenwart eingebettet. Die beiden Frauen, Laura und ihre Großmutter, teilen sich einander mit und entwickeln großes Vertrauen füreinander. Dabei finden sie zu den wesentlichen Emotionen, die das Leben definieren und denen man sich verstärkt hingeben sollte.

Insbesondere für junge Personen ist das Buch hilfreich, um sich vor Augen zu führen, worum es im Leben wirklich geht. Ebenso finden ältere Personen darin eine Stütze, die vor allem dazu ermutigt, Personen auf dem Sterbeweg zu begleiten, sofern die Möglichkeit gegeben ist. Zudem illustriert das Buch anhand der bewegten Geschichte der Großmutter, dass sich hinter jedem Leben viel Erzählenswertes verbirgt – *ein Aufruf, sich mit der Geschichte einer jeden verstorbenen Person auseinanderzusetzen!*

Filme, die dem Thema angemessen begegnen

Filme sind prädestiniert dafür, eine großartige Wirkung zu erzielen. Die bewegten Bilder sind ein Medium, welches Foto, Geschichte, Musik und viele weitere Elemente miteinander vereint. Leider stellen nicht alle Filme ihr jeweiliges Thema angemessen dar. Es finden im Vorhinein große Ankündigungen statt, es wird viel Geld investiert und es gibt eine Star-Besetzung. Auf der Suche nach Filmen, die das Thema Trauer angemessen darstellen und es so aufarbeiten, dass es eine Hilfe oder zumindest Inspiration für Betroffene ist, hat sich ebenso gezeigt, dass es viele Enttäuschungen gibt, die oberflächlich und von Binsenweisheiten geprägt sind. Allerdings lassen sich ebenso Schmuckstücke finden, von denen Sie im Folgenden drei vorgestellt bekommen. Dabei wird zur breiten Abdeckung von jedem Film ein anderes Verlustszenario thematisiert: Im ersten Film verliert der Vater seinen Sohn, im zweiten Film die Frau ihren Ehemann und im dritten Film die Tochter ihren Vater. Begeben Sie sich auf drei Reisen, die mit drei verschiedenen Erkenntnissen locken.

Erkenntnisse und Missionen entlang des Pilgerpfades

Der Film *Dein Weg – Vom Suchen und Finden auf dem Jakobsweg* erzählt die Geschichte des erfolgreichen Augenarztes Tom Avery (gespielt von Martin Sheen), der vom Tod seines Sohnes auf dem Jakobsweg erfährt. Ein Gewitter in den Pyrenäen riss den Sohn in den Tod. Der Vater fliegt aus den USA nach Frankreich, um den Leichnam seines Sohnes nach Hause mitzunehmen. Dort angekommen, entscheidet er sich nach Gesprächen anders und lässt den Leichnam seines Sohnes einäschern. Die Asche nimmt er mit auf den Weg und beschreitet den 800 Kilometer langen Weg, den sogenannten Camino, gemeinsam mit seinem Sohn. Er verstreut an einzelnen Etappen die Asche seines Sohnes. Tom Avery selbst befindet sich in einem hohen Alter, sodass ihm die Wanderung nicht zugetraut wurde. Doch er meistert den Weg und trifft dabei die verschiedensten Personen. Darunter befinden sich sowohl der junge Niederländer Joost, der abnehmen möchte, als auch die Kanadierin Sarah, die auf dem Pilgerweg die traumatischen Erfahrungen durch ihren gewalttätigen Ehemann zu verarbeiten versucht. Diese und weitere Gefährten sorgen für viele Lacher und Erfahrungen, die Tom Avery dazu bringen, sich und seine Trauer zu hinterfragen. Anfangs noch verschlossen und nicht bereit, seine Gefühle zu öffnen, verarbeitet Tom Avery mit der Zeit seine Trauer und beginnt, sich den Reisegefährten und weiteren Bekanntschaften mitzuteilen. Dabei sind Konflikte mit inbegriffen, weil Tom Avery seine Emotionen zurückhält. Die Konflikte bewegen ihn dazu, sich mit seinen Gefühlen und der Trauer auseinanderzusetzen. Letztlich zeigen seine Gefährten Verständnis und es entsteht eine Freundschaft, die bis ans Ende des Pilgerwegs und darüber hinaus anhält. Avery selbst findet seinen Frieden und lässt die Urkunde für die Wanderung auf den Namen seines Sohnes ausstellen – dies war die Mission, die sich Avery selbst seinem Sohn zuliebe aufgetragen hatte.

Dieser Film ist als ein leider unzureichend bekanntes Meisterwerk einzustufen. Es erzählt die Geschichte eines trauernden Vaters und ebenso die Geschichte anderer Menschen mit persönlichen Problemen auf der Suche nach Antworten. Dabei kommt der Film ohne ein großes Tam-Tam und Drumherum aus; er lebt von einer absoluten Menschlichkeit, die die Geschichte maximal authentisch macht – *ein Aufruf zum Reisen im Sinne der Trauerverarbeitung!*

Briefe vom verstorbenen Ehemann

Ein weiterer inspirierender Film ist das Drama *P.S. Ich liebe dich*, in welchem Holly (gespielt von Hilary Swank) ihren Ehemann Gerry (gespielt von Gerard Butler) aufgrund eines Hirntumors verliert. Dieser hat vor seinem Tode bereits vorbereitende Maßnahmen getroffen, um Holly in Zeiten der Trauer zu Handlungen zu animieren: Es handelt sich dabei um zwölf Briefe, die er selbst geschrieben hat und nach seinem Tode durch seine Mutter Holly zukommen lässt. Diese Briefe beinhalten zum großen Teil Aufgaben, die Holly zu bewerkstelligen hat. Es fängt mit dem ersten Brief zu ihrem 30. Geburtstag an, der sie auffordert, mit ihren Freundinnen den Geburtstag feiern zu gehen. Dieser Brief hört ebenso wie die elf weiteren Briefe mit „P.S. Ich liebe dich" auf und markiert den Beginn einer Reihe an Aufgaben, die der verstorbene Ehemann an seine Liebste stellt. Hierunter fallen Reisen in seine Heimat Irland, Karaoke-Abende, das Aussortieren seiner Kleidung und viele weitere Erlebnisse. Zentrale Bestandteile der Briefe und Aufgaben an Holly sind es, aktiv zu sein, sich zu erinnern und zu reisen.

Der Film zeigt sich in der überfüllten Film-Landschaft der Hollywood-Filme mit einer kreativen Handlung und setzt mit der Idee der Trauerverarbeitung innovative Ansätze. Sie werden in diesem Film Rückblenden sehen, im Rahmen derer Sie Gerry näher kennenlernen werden, um zu erkennen, welch ein sympathischer und wundervoller Mensch er war. Die Rückblenden werden ihn lebendig machen und das Ende des Films wird eine gestärkte Holly hinterlassen, die auch ohne die Briefe mit Ihrer Trauer umzugehen wissen wird – *ein Aufruf zu Aktivität und Bewegung!*

Versöhnung an erster Stelle

Im Film *Mit dir an meiner Seite* deutet zunächst nichts auf den Tod eines Charakters hin. Stattdessen wird die pubertierende Ronnie (gespielt von Miley Cyrus) gezwungen, mit ihrem kleinen Bruder gemeinsam die Sommerferien bei ihrem Vater Steve (gespielt von Greg Kinnear) zu verbringen. Sie hat darauf keine Lust, da sie dem Vater vorwirft, die Familie verlassen zu haben. Dementsprechend schwer zugänglich präsentiert sie sich. Erst, als sie auf den Jugendlichen Will (gespielt von Liam Hemsworth) trifft, der sich ungefähr in ihrem Alter befindet, und mit ihm gemeinsame Interessen sowie Liebe zu ihm entwickelt, wird sie zugänglicher und verzeiht nach und nach ihrem Vater, wobei sie erfährt, dass die Dinge nicht so waren, wie sie ihr erschienen und der Vater die Familie nie im Stich gelassen hatte. In diesen Moment der Wiedervereinigung fällt ein Notfall, in dem der Vater auf dem Boden zusammenbricht. Er wird ins Krankenhaus eingeliefert und Ronnie erfährt von dem Lungenkrebs, den ihr ihr Vater verheimlicht hatte. Er wollte seinen letzten Sommer mit seinen Kindern verbringen. Ronnie entscheidet sich, über die Sommerferien hinaus bei ihrem Vater zu bleiben, bis dieser gestorben ist. Kurz bevor er stirbt, sagt Steve seiner Tochter, er würde auch nach seinem Tod immer bei ihr bleiben. So würde das Licht, das durch die Fenster scheint, ihr signalisieren, er sei gerade für sie da.

Der Film geht einem insbesondere deswegen nahe, weil man den Vater im Laufe der Zeit näher kennenlernt und ihn ins Herz schließt. Zudem trifft es schwer, dass sich gerade zu einem Zeitpunkt, wo alles gut zu werden scheint, die

Krankheit des Vaters herausstellt. Letzten Endes fühlt man als Zuschauer förmlich mit, wie wichtig es der jungen Tochter ist, sich mit dem Vater zuvor versöhnt zu haben und für ihn dagewesen zu sein. Was Zuschauern, die sich nicht mit Ihren Eltern versöhnen konnten, hilft, ist die Tatsache, dass der Film darstellt, dass die Eltern immer bereit zur Versöhnung sind. Dementsprechend können Sie sicher sein, dass Sie sich ebenfalls mit Ihren Eltern versöhnt hätten. Ihre Eltern sind mit den besten Gedanken an Sie gegangen – *ein Aufruf zum Loslassen der Schuldgefühle und zum Finden des Friedens!*

Lieder, die das Herz auf eine unvergleichliche Weise berühren

Manche Menschen sagen, Musik sei eine eigene Sprache. Bestimmte Menschen sprechen sogar auf diese Sprache besser an als auf Worte. Wenn all die klassischen Trauerbekundungen und motivierenden Standardsprüche zunehmend belastend werden, bringt sich die Musik als eine Alternative ein. Das Instrumental, das seine eigenen Aussagen macht, und die Texte der Sänger, die wohl durchdacht sind und gelegentlich sogar eine eigene Geschichte zum Ausdruck bringen – eine Welt für sich!

> **Aus dem Leben anderer …**
>
> Herbert Grönemeyer ist aus der deutschen Musiklandschaft kaum wegzudenken. Er füllt Stadien, ist mal der Rockmusiker, mal der Romantiker und mal der Trauernde. Seine Ehefrau Anna Henkel-Grönemeyer starb 1998 im Alter von nur 45 Jahren an den Folgen einer Brustkrebs-Erkrankung. Sie hinterließ ihren Ehemann Herbert Grönemeyer mit den beiden Kindern Felix, damals 11, und Marie, damals 9. Grönemeyer verarbeitete seine Trauer im Album *Mensch*. Es entstanden Hymnen für die Ewigkeit, mit denen sich Trauernde in Deutschland bis heute identifizieren.

Im Folgenden lernen Sie eines der Lieder von Grönemeyer und zwei weitere bewegende Lieder populärer Musiker kennen, die sich mit dem Trauern befassen. Haben Sie Verständnis dafür, dass es sich ausschließlich um deutsche Lieder handelt. Zwar ließen sich auch englische Klassiker übersetzen, doch das Problem ist, dass diese Übersetzungen die Metaphern aus dem Original-Englischen von der tieferen Bedeutung her nicht adäquat transportieren würden.

Und wenn ein Lied ... (Söhne Mannheims)

Das Lied *Und wenn ein Lied ...* der Söhne Mannheims[12] ist ein Plädoyer für die Liebe, die den Tod überdauert. Es erzählt die Geschichte eines Mannes, der um seine Frau trauert, lässt sich ebenso aber auf andere Trauernde und deren Bezugspersonen beziehen. Zentrale Thesen des Liedes sind folgende:

- ❖ „*Eine Wüste aus Beton und Asphalt, doch sie lebt und öffnet einen Spalt. Der dir Neues zeigt, zeigt das Altes weicht, auch wenn dein Schmerz bis an den Himmel reicht.*"

    Die Welt mag einer harten, dunklen Wüste ähneln und leblos erscheinen. Aber sie öffnet sich und es ist Leben vorhanden: Der Schmerz über den Verlust mag groß sein, doch das Leben geht weiter. Denn das Alte wird weichen und durch Neues ersetzt werden – neue Erlebnisse, neue Menschen, neue Träume.

- ❖ „*In unsrer Sanduhr fällt das letzte Korn. Ich hab' gewonnen und hab' ebenso verlor'n. Jedoch missen möcht' ich nichts, alles bleibt unser gedanklicher Besitz.*"

    Die Beziehung ist mit dem letzten Korn in der Sanduhr vorbei. Einerseits wurde gewonnen, was durch die fantastischen Lebensabschnitte mit dem Menschen

---

[12] https://www.youtube.com/watch?v=RtuWo8ZIgvg

zum Ausdruck gebracht wird. Andererseits steht durch den Verlust des Menschen am Ende eine Niederlage. Dennoch wird jeder Moment mit der Person dankend angenommen, denn durch die Erinnerungen bleibt er als gedanklicher Besitz erhalten.

Das Lied als Gesamtwerk ist wundervoll und es ist wert, sich das Video anzusehen. Dieses spiegelt die Verzweiflung wider. Als Motiv zur Wiedererweckung der gestorbenen Person wird von den Männern ein Musikinstrument, der Flügel, ins Krankenhaus gebracht, aber die Ärzte halten die Männer mit Argumenten auf – *ein Aufruf, die Erinnerungen zu bewahren!*

Der Link zum Lied: https://www.youtube.com/watch?v=RtuWo8ZIgvg

Der Weg (Herbert Grönemeyer)

Herbert Grönemeyer widmet das Lied *Der Weg*[13] seiner verstorbenen Ehefrau. Er stellt in dem Lied seine Gefühlslage und Gedanken klar dar, sodass keine großen Interpretationen vom Zuhörer gefragt sind. Dennoch verwendet er die ein oder andere Metapher und verpackt seinen Gemütszustand in feine Worte, die bei jedem Zuhörer die Vorstellungskraft zum Leben erwecken. Dabei spiegeln sich in seinem Liedtext zum Teil die Trauerphasen chronologisch wider.

So bezieht er sich anfangs auf die Ungläubigkeit, indem er darauf verweist, er könne nicht mehr sehn' und traue seinen Augen nicht. Er verweilt in einem Zustand der Lethargie und ist sogar „zu träge, um aufzugeben".

Im weiteren Verlauf bezieht er sich auf seine Erinnerungen und gedenkt der Liebe, den gemeinsamen Aktivitäten und den Zeiten in Krankheit sowie Gesundheit. Im Refrain setzt sich diese Denkweise weiter fort, wobei seine Stimme lauter und belebter wird. Es brechen die Emotionen heraus, er singt: „Das Leben ist nicht fair." Das Instrumental wird lauter und

---

[13] https://www.youtube.com/watch?v=xSWJBClrmgo

schneller, was den Ausbruch der Emotionen im Rahmen einer Trauerphase unterstreicht.

Die zweite Strophe nach dem Refrain gewinnt im Vergleich zur ersten Strophe an Dynamik, die Emotionen werden aber positiver: Er erinnert sich an seine Frau, wie Sie „vom gold'nen Balkon die Unendlichkeit verfolgt(e)". Alles sei erlaubt, sie beide gemeinsam im Mittsommernachtstraum gewesen.

Daraufhin folgt erneut der Refrain, allerdings abgeändert. Er gedenkt seiner Frau mit ihrer „heitere(n) Würde" und ihrem „unerschütterliche(n) Geschick". Sie habe im Angesicht des Todes „der Fügung (ihre) Stirn geboten". Somit erinnert er sich an die Größe seiner Frau in einem schwierigen Moment und zollt dieser Größe Respekt. Die letzten Worte des Refrains sind nicht mehr wie beim ersten Refrain, dass das Leben nicht fair ist, stattdessen singt er von dem Plan vom Glück, den seine Frau hatte, aber nie verraten hat.

Zum Ende des Liedes singt Herbert Grönemeyer, er „gehe nicht weg" und habe „seine Frist verlängert". Er breche zu neuen Zeitreisen auf, habe sie sicher in seiner Seele – er behält sie also in Erinnerung – und trage sie bei sich, „bis der Vorhang fällt". Mit dem fallenden Vorhang ist sein eigener Tod gemeint, in dem beide vereint sein werden.

Der im Lied geschilderte Trauerprozess über den Tod seiner Frau illustriert einmal mehr, wie normal die einzelnen Trauerphasen sind – von der Lethargie über die die aufbrechenden Emotionen und Gedanken über die Unfairness bis hin zur Akzeptanz mit einem neuen Selbst- und Weltbezug! Hören Sie gern in dieses Lied rein, denn es ist in jeder Trauerphase ein wundervoller und einfühlsamer Begleiter, der Ihnen immer zuhören wird – *ein Aufruf, die Trauer mit all ihren Phasen bewusst zu durchleben!*

Der Link zum Lied: https://www.youtube.com/watch?v=xSWJBClrmgo

Amoi seg' ma uns wieder (Andreas Gabalier)

Das Lied *Amoi seg' ma uns wieder* von Andreas Gabalier[14] hat es in Deutschland zu enormer Bekanntheit gebracht. Dies ist zum einen der Tatsache zu verdanken, dass Andreas Gabalier einer der hierzulande bekanntesten Volks-Rock-Musiker ist, zum anderen jedoch zeigt das Lied eine andere Seite des Volksmusikers: Es handelt sich um eine hochemotionale Seite, die das Thema Tod in einem ganz friedlichen Gewand betrachtet. Es wird mit keinem Wort von Schmerzen, Verlusten oder Trauer gesprochen, stattdessen von der Natürlichkeit des Todes und der Dankbarkeit, ins Himmelsreich aufgenommen zu werden.

So beginnt Gabalier im Text mit der Aussage, uns allen sei die Zeit, zu gehen, vorbestimmt. Er vergleicht es mit einem Blatt, welches vom Wind getragen wird. Falls Sie sich noch an die Natursymbole erinnern, die am Anfang des Buches erläutert wurden, so lässt sich auch hier übertragen, dass die Natur eine Konstante darstellt. Weiter singt Gabalier von dem gefrierenden Blut, welches das Aufsteigen in den Himmel andeutet. Er ist sich gewiss: „Weil es gibt was nach dem Leben, du wirst schon sehn."

Für den Hinterbliebenen bleibt die Erinnerung, mit der nach und nach klar wird, dass „nichts mehr ist, wie's war". Doch die Hoffnung auf ein Wiedersehen wird „die Kraft in den Herzschlag legen, um weiter zu leben." Dies ist die einzige Stelle im Lied, an der sich Kummer beim Hinterbliebenen interpretieren lässt, woraufhin die Erinnerung direkt neue Lebenskraft spendet.

Abschließend folgt der Refrain ein weiteres Mal, welcher zeigt, dass auch der Hinterbliebene sich irgendwann auf seine „alten Tage dankend nieder(legen)" wird, sobald er stirbt.

Alles in allem bringt Gabalier in einer Art und Weise das Übermenschliche ins Spiel, die gar nicht erfordert, an Gott zu glauben, um sich von dem Lied beruhigen zu lassen. Zwar hilft der Glaube und allem voran für regelmäßige Kirchgänger

---

[14] https://www.youtube.com/watch?v=vyQf9nB4eYk

ist dieses Lied eine Bereicherung, doch im Grunde genommen findet jede Person in den Worten Gabaliers einen ruhigen Hafen und zumindest den freudigen Gedanken, dass die gestorbene Person nun an einem besseren Ort ist – *ein Aufruf zum Glauben!*

Der Link zum Lied: https://www.youtube.com/watch?v=vyQf9nB4eYk

7. Schritt: Wandel – Wie Sie neue Interessen im Alltag unterstützen

Nach Verena Kasts Modell der Trauerphasen geht jeder Mensch aus dem Trauerprozess mit einem neuen Selbst- und Weltbezug hervor. Im Laufe des Trauerprozesses täten sich zumindest ganz feine neue Interessen hervor, so die Annahme. Ein Blick auf die Realität zeigt, dass exakt dies der Fall ist. Einige Beispiele:

- ❖ Bereits wenn Sie anfangen, Rituale durchzuführen, verändern Sie sich. Geht es soweit, dass Sie professionell Unterricht für Lebenstänze nehmen, ist dies mit dem Entstehen eines neuen Interesses ein äußerst großer Wandel.
- ❖ Die Erfahrung des Verlusts an sich verändert Sie. Folglich vergegenwärtigen Sie sich die Wichtigkeit der Familie stärker. Oder Sie beginnen, anderen Menschen aktiv zu helfen, ihren Trauerprozess zu beschreiten.
- ❖ Sie gehen aus dem Verarbeitungsprozess der Trauer mit einem gestärkten und weiterentwickelten Charakter hervor. Dies gibt Ihnen im Alltag die Chance, andere Blickwinkel auf gewisse Themen einzunehmen und sich vielfältig zu engagieren.

Wie Sie sehen, folgt aus jeder neuen Erkenntnis ein neues Interesse: Ist Ihnen durch den Verlust Ihres Partners die

Wichtigkeit der Familie bewusster geworden, wird es in Ihrem Interesse sein, die familiäre Bindung zu stärken.

Nun stellt sich bei Ihnen die Frage, inwiefern Sie sich im Verlauf des Trauerprozesses verändert haben. Um dies herauszufinden, erweist sich der innere Dialog als bestes Mittel. Setzen Sie sich am Abend hin und notieren Sie sich in regelmäßigen zeitlichen Abständen, welche Veränderungen Sie an sich ausmachen: Vom Handeln im Alltag über das äußere Erscheinungsbild bis hin zu Ihrem Denken und den Glaubenssätzen, die in Ihnen schlummern. Nehmen Sie sich mindestens eine halbe Stunde am Abend Zeit und lassen Sie sich durch nichts ablenken. Wiederholen Sie dies mehrmals, um Ihre Veränderungen zuverlässig herauszufiltern. Überlegen Sie sich schließlich, wie Sie Ihre Veränderungen und neuen Interessen in den Alltag integrieren können.

Soziale Bindung stärken

Eine Stärkung der sozialen Bindung ist grundsätzlich immer angeraten. Der Trauerfall reißt eine große Lücke in das Leben der Personen, die Ihrem Partner nahegestanden haben. Diese Lücke muss gefüllt werden. Da das soziale Leben aber nicht nur aus den Ihrem Partner nahestehenden Personen, sondern aus weiteren Freudnen und Familienmitgliedern besteht, sind Treffen in größeren Kreisen für die Bindung essenziell. Durch eine Versammlung von 20 bis 30 Personen im Restaurant lernen sich Personen besser kennen, die bisher wenig in Kontakt kamen. Je stärker die sozialen Bande ausgeprägt sind, desto mehr Unterstützung wird in jedweden Situationen des Alltags gegeben sein. Haben Sie beispielsweise zuvor kaum Kontakt zu einem Cousin gehabt, weil Sie wenig gemeinsame Schnittpunkte hatten, so ändert sich dies bei häufigen Familientreffen eventuell. Vielleicht entdecken Sie im Cousin plötzlich eine faszinierende Person, deren Interessen den Ihren gleichen. Genauso verhält es sich, wenn Sie Freunde von Freunden in größeren gesellschaftlichen Runden kennenlernen.

Stiftungen, soziales Engagement und weitere Statements

Ein Statement zu setzen, bedeutet, eine Aussage zu treffen. Im Deutschen wird diese Ausdrucksweise verstärkt dann verwendet, wenn mit einer Handlung oder einer Aussage besonders klar Farbe bekannt wird. Stiftungen, soziales Engagement und weitere ähnliche Maßnahmen dienen dem Zweck, einem starken inneren Drang Genugtuung zu verschaffen. Stellen Sie es sich wie folgt vor: Sie haben einen anstrengenden Trauerprozess erfolgreich gemeistert, weil Ihnen dieses Buch geholfen hat. Dabei haben Sie Gebrauch von mehreren Methoden, die in diesem Buch geschildert wurden, gemacht. Einige Methoden haben Ihnen zugesagt und sehr geholfen, andere Methoden waren nicht Ihr Fall. Sie haben bei der Anwendung der Methoden gemerkt, dass andere Familienmitglieder in Trauer ebenfalls bereit waren, diese Methoden auszuprobieren, und diese als große Hilfe empfunden haben. Nun breitet sich in Ihnen der Drang aus, Menschen zu helfen, die sich in einer ähnlichen Situation befinden, wie Sie es waren. Sie schaffen deswegen Trauergruppen oder engagieren sich in bereits bestehenden Trauergruppen. Vielleicht machen Sie sogar eine Fortbildung und orientieren sich beruflich neu ...

Bei Unfalltoden, Toden durch Krankheiten oder Toden durch Rauschmittel, Verbrechen sowie anderweitigen Gefahrenpotenzialen besteht die Möglichkeit, Stiftungen mit einem entsprechenden Thema zu gründen oder sich auch hier eine bereits bestehende Stiftung zu suchen, die man unterstützt. Alles in allem geben Sie Ihre Erfahrungen weiter und dem Tod Ihres Partners im Nachhinein einen Sinn.

Das Wichtigste: Neue Interessen gezielt suchen!

Im Verlaufe des Trauerprozesses entstehen keine neuen Interessen und es tritt kein positiver Wandel ein, wenn Sie sich neuen Interessen gegenüber nicht offen präsentieren. Dies ist in der ersten Phase der Niedergeschlagenheit nicht zu erwarten, doch mit dem Eintritt der zweiten Phase, sobald sich das emotionale Chaos bei Ihnen andeutet, suchen Sie idealerweise gezielt nach Aktivitäten und Möglichkeiten, um die Emotionen zu kontrollieren. Nur durch diese Bereitschaft zur Aktivität und das „Sich-Aufraffen" wird es Ihnen gelingen, neue Interessen zu erschließen und Erkenntnisse aus dem Trauerprozess zu gewinnen, die Sie voranbringen.

8. Schritt: NLP – Wie Sie mithilfe eines psychologischen Modells Ihr Leben differenzierter betrachten

Das NLP ist ein psychologisches Modell mit Ursprung in den 1970er Jahren. Der Beginn der Geschichte hört sich nicht so vielversprechend an, denn wenn ein Mathematiker und ein Psychologe sich zusammentun und anhand fester Muster allgemeingeltende Methoden sowie Formeln zur Psychotherapie und Psychologie ableiten wollen, so sind gewisse Zweifel an der Wirkung eines solchen Modells sicherlich berechtigt. Das NLP ist jedoch im Laufe der Jahrzehnte zu einem angesehenen Modell geworden, welches von Psychologen und Psychotherapeuten sowie Coaches und vielen mehr angewendet wird. Das NLP hat sich einen Weg in die höchsten Kreise von Management, Psychologie und weiteren Instanzen gebahnt. Doch worum geht es bei der mittlerweile erfolgreichen und vieldiskutierten Anwendung?

NLP steht für „Neuro-Linguistisches Programmieren". Es zielt darauf ab, anhand der Kraft der Worte sowie der Gedanken das Unterbewusstsein, den Verstand und allgemein den gesamten Menschen zu programmieren. Diese Programmierung kann verschiedenen Zwecken dienen, wobei uns die Trauerverarbeitung interessiert. Die hierfür wichtigste und hilfreichste Annahme, die im NLP formuliert wird, ist die folgende: „Die Landkarte ist nicht das Gebiet."

Mit Hilfe dieser Annahme werden Personen dazu animiert, verschiedene Sichtweisen auf Menschen, Ereignisse oder andere Dinge einzunehmen. Das, was wir auf der Landkarte sehen – also ein Ereignis, das wir wahrnehmen –, ist nämlich nicht gleichbedeutend mit dem Gebiet – also dem, was sich dahinter an diversen Details verbirgt. So ist auch der Tod nicht unbedingt das, was wir dahinter zu sehen glauben ...

Von Tag zu Tag leben

Im Kontext des Todes eines Menschen ist die Rede von einem Verlust. Diese Ausdrucksweise wurde auch in diesem Ratgeber mehrmals angewendet, weil sie nur allzu logisch ist. Der Mensch geht schließlich von uns. Das NLP animiert jedoch, die Dinge aus einem anderen Blickwinkel zu betrachten, weswegen wir uns darum in diesem Kontext bemühen.

> **Hinweis!**
> Die folgenden Erläuterungen sollen Sie NICHT umstimmen. Es geht lediglich darum, zu zeigen, dass jeder Sachverhalt anders betrachtet werden kann. Dies verhilft dabei, die Trauer anders zu verarbeiten und dem Tod unter Umständen eine andere Bedeutung zuzuordnen. Das NLP wird häufig kritisiert, weil es mit seinen Deutungen und Sichtweisen aneckt. Allerdings muss eingestanden werden, dass das NLP nie einen Anspruch auf Richtigkeit und Allgemeingültigkeit erhoben hat. Es handelt sich bei dem Modell um eine Art Inspiration zur Erweiterung der eigenen Sichtweise auf die verschiedensten Dinge. Entscheiden Sie sich, was Sie mit den folgenden Inspirationen machen. Unter Umständen kommen Sie auf andere Ideen, als die hier erläuterten, und finden auf diesem Wege zu einem besseren Umgang mit dem Tod. Am Ende ist nur wichtig, dass Sie die für Sie beste Sichtweise finden.

Nun setzen wir am Verlustgedanken an. Der Begriff „Verlust" impliziert, dass wir etwas verloren hätten. Wie wäre es aber, wenn wir die Denkweise ändern würden? Und zwar in:

„Ich habe etwas abgegeben." Der antike Philosoph Epiktet verfasste das Handbüchlein der stoischen Moral[15], in dem passend dazu geschrieben steht:

> *„Sage nie von einem Ding: ich habe es verloren;*
> *sondern: ich habe es zurückgegeben."*

- Epiktet (antiker Philosoph; geb. 50, gest. 150)

Ersetzen wir den Begriff „Ding" durch „Mensch", so ist es für unser Thema adäquater, transportiert letzten Endes jedoch dieselbe wichtige Botschaft. Nämlich: Alles, was wir im Leben haben, ist geliehen. Fein formuliert es Norman Brenner in seinem Blog Vernünftig-Leben[16], in dem er die gleiche Feststellung sogar für materielle Dinge trifft: Die Rechtsordnung mag uns zwar unser Eigentum – Auto, Haus, Kleidung und weiteres – zuschreiben und Herrschaftsrecht an einer Sache definieren. Aber gegen eine Komponente können wir unser Eigentum nicht verteidigen: Gegen das Schicksal. Darüber hinaus wird in der Rechtsordnung nur von Sachen gesprochen. Menschen fallen nicht unter den Paragrafen, was nochmals verdeutlicht, wie sehr geliehen die Zeit mit den Menschen ist. Dieser Blickwinkel, dass alles nur geliehen ist, lässt uns voller Güte und Dankbarkeit auf die Zeit mit dem Menschen zurückblicken: Wir haben uns Zeit – das wertvollste Gut des Universums – mit der Person geliehen, ohne eine spezielle Zahlung dafür leisten zu müssen! Dass diese Zeit nicht ewig anhalten würde, wussten wir vorher, denn jeder Mensch muss sterben. Von daher ähneln sämtliche Bedingungen denen einer Leihgabe.

Diese Sichtweise mag einigen Personen befremdlich erscheinen, jedoch ist darin Wahrheit enthalten. Jeder Leser und jede Leserin entscheiden, wie groß dieses Stückchen Wahrheit für ihn oder sie persönlich ausfällt. Die Tatsache,

---

[15] https://www.susannealbers.de/literatur/Epiktetstoische Moral.pdf
[16] https://www.vernuenftig-leben.de/wie-du-jeden-verlust-gelassen-ertraegst/

dass die Zeit mit jedem Menschen nur geliehen ist, lässt den Tod besser verkraften, aber ebenso die Bedeutung jedes einzelnen Tages besser erfassen: Es ist wichtig, von Tag zu Tag zu leben und sich für jeden dieser Tage mit den Personen, die wir lieben, dankbar zu zeigen. Und solche Personen gibt es immer! Falls Sie diese aktuell nicht zu haben glauben, dann müssen Sie diese nur finden.

Neue Perspektiven wahrnehmen

Ein weiterer möglicher Blickwinkel: Mit dem Tod eines geliebten Menschen geht zwar etwas verloren – oder bei Beherzigung der vorigen Erkenntnis: es wird etwas abgegeben – doch zugleich erschließen sich dadurch neue Perspektiven. In der Anfangsphase des Trauerprozesses werden Sie noch zu stark von der Trauer gefesselt sein, um die Perspektiven in Erwägung zu ziehen, oder eine solche Sichtweise sogar als unangebracht empfinden. Doch im Laufe der Zeit werden Sie im Rahmen des neuen Selbst- und Weltbezugs die Perspektiven wahrnehmen können oder sogar dazu gezwungen sein. So findet sich im Blog Trauerdrucksachen[17] als eine beispielhaft formulierte Perspektive die Möglichkeit, mehr Verantwortungsbewusstsein zu übernehmen. Der Partner kann in gewissen Lebensbereichen – in denen es vorher erforderlich war – nicht mehr für einen gerade stehen, was die Chance eröffnet, den Partner im Nachhinein durch ein gestiegenes Verantwortungsbewusstsein stolz zu machen.

Die Sichtweise, aus dem Tod Ihres Partners neue Perspektiven abzuleiten, ist ein fortschrittlicher Bestandteil des Trauerprozesses. Er ist jedoch nicht zwingend selten, sondern vielmehr bei vielen Trauerprozessen auffindbar:

❖ Söhne oder Töchter übernehmend das Unternehmen Ihres Elternteils und können dieses persönlich prägen

---

[17] https://trauerdrucksachen.info/blog/der-tod-der-eltern-gefuehle-umgang-mit-der-trauer/

- Trauernde setzen das soziale Engagement des Partners fort, wie es das vorgestellte Buch *Weiß der Himmel von dir* von Alicia Bessette zeigt
- Trauernde sind von der Fürsorge und den Sorgen der Eltern befreit und entschließen sich, mit den neuen Freiheiten ihre Träume zu verwirklichen

Alles in allem erfordert das Wahrnehmen neuer Perspektiven ein Stück weit die Erkenntnis, dass der Tod der Geliebten etwas Positives hat. Was unerhört klingen mag, ist ein integraler Bestandteil dessen, nach vorn zu schauen und ein selbstbestimmtes Leben zu führen.

Das ist das NLP – es geht unkonventionelle Wege bei der Eröffnung von Sichtweisen. Dabei ist der Anspruch nicht, Menschen umzustimmen oder zu verändern, sondern die Menschen anzuregen, sich verschiedenen Blickwinkeln zu öffnen. Finden Sie Ihre Blickwinkel und gehen Sie dabei so weit, wie Sie es sich zutrauen. Sobald die Wunden in Ihrem Geist kleiner werden, werden Sie auch mit dem NLP mutigere Wege gehen und faszinierende Lebensaufgaben finden.

9. Schritt: Sich wieder Lieben erlauben

Sträuben Sie sich gegen dieses Unterkapitel, welches Ihnen erklärt, wie Sie eine neue Liebe, einen neuen Partner in Ihr Leben lassen, dann müssen Sie dieses Unterkapitel nicht lesen. Trauernden Personen mag der Trauerprozess noch so gut gelingen, doch das Finden einer neuen Liebe schließen selbst Personen mit den größten Fortschritten im Trauerprozess manchmal aus. Sollten Sie an dem Punkt sein, dass es Ihnen unerhört erscheint, auch nur ansatzweise über einen neuen Partner und eine neue Liebe nachzudenken, dann lassen Sie dieses Unterkapitel einfach aus. Kommen Sie dann in einigen Wochen oder Monaten darauf zurück. Andererseits: Es ist absolut in Ordnung, sich zumindest mit dem Gedanken auseinanderzusetzen, ob eine neue Liebe für Sie eines Tages in Frage käme und wie diese in Ihr Leben eintreten könnte. Dementsprechend spricht absolut nichts dagegen, sich mit der schönsten Sache im Leben eines Menschen zu befassen – der Liebe.

Wieso Liebe über das gesamte Leben wichtig ist ...

„Wenn ich in den Sprachen der Menschen und Engel redete, hätte aber die Liebe nicht, wäre ich dröhnendes Erz oder eine lärmende Pauke. Und wenn ich prophetisch reden könnte und alle Geheimnisse wüsste und alle Erkenntnis hätte; wenn ich alle Glaubenskraft besäße und Berge damit versetzen könnte, hätte aber die Liebe nicht, wäre ich nichts. Und wenn ich meine ganze Habe verschenkte und wenn ich meinen Leib opferte, um mich zu rühmen, hätte aber die Liebe nicht, nützte es mir nichts. Die Liebe ist langmütig, die Liebe ist gütig. Sie eifert sich nicht, sie prahlt nicht, sie bläht sich nicht auf. Sie handelt nicht ungehörig, sucht nicht ihren Vorteil, lässt sich nicht zum Zorn reizen, trägt das Böse nicht nach. Sie freut sich nicht über das Unrecht, sondern freut sich an der Wahrheit. Sie erträgt alles, glaubt alles, hofft alles, hält allem stand. Die Liebe hört niemals auf. [...] Als ich ein Kind war, redete ich wie ein Kind, dachte wie ein Kind und urteilte wie ein Kind. Als ich ein Mann wurde, legte ich ab, was Kind an mir war. Jetzt schauen wir in einen Spiegel und sehen nur rätselhafte Umrisse, dann aber schauen wir von Angesicht zu Angesicht. Jetzt ist mein Erkennen Stückwerk, dann aber werde ich durch und durch erkennen, so wie ich auch durch und durch erkannt worden bin. Für jetzt bleiben Glaube, Hoffnung, Liebe, diese drei; doch am größten unter ihnen ist die Liebe."

- 1. Korinther 13, 2 (Lutherbibel)

Liebe füllt das Leben mit Wärme. Es ist der natürliche Trieb eines jeden guten Menschen, sich nach Liebe zu sehnen. Am Anfang des Trauerprozesses sehnen Sie sich noch nach der Liebe durch Ihren verstorbenen Partner – nur nach seiner Liebe! In dieser Phase ist es völlig vernünftig, wenn Sie in keine neue Beziehung treten. Zunächst müssen Sie etwas für sich tun und sich dem neuen Leben öffnen. Die Liebe, die in dieser Phase in Ihr Leben eintritt, ist anderer Natur als die zu Ihrem verstorbenen Partner. Lassen Sie sich in der Trauerphase auf die Liebe ein, die von Ihrer Familie und Ihren Freunden ausgeht, die Ihnen auf allen erdenklichen Wegen zu helfen bereit sind. Lassen Sie sich auf die Liebe ein, die Ihnen von der Natur zuteilwird, wenn Sie eine wohlige Wärme inmitten von Grünflächen verspüren oder wenn ein klärender Regen Sie symbolisch von negativen Emotionen reinwäscht. Lassen Sie sich auf die Liebe durch Ihren verstorbenen Partner ein, der Ihnen in Ihren Erinnerungen und in Ihrer Vorstellungskraft entgegenkommt. Sie entscheiden, welche Liebe Sie sich zuteilwerden lassen. Doch das obige Zitat aus der Bibel zeigt treffend, wie wenig wir Menschen ohne die Liebe haben. Am Ende ist die Liebe eine Komponente, die über sämtliche Altersgruppen, persönlichen Fähigkeiten und Geisteszustände hinausgeht. Sie bleibt immer, wenn Sie sich der Liebe öffnen.

Nehmen Sie deswegen im Trauerprozess die Liebe für Ihren Partner, die für die Menschen in Ihrem Umfeld sowie andere Ihnen zugängliche Liebeszustände wahr. Wenn Sie den Tod Ihres Partners akzeptiert haben, wird dies ein erster Schritt in Richtung eines neuen Lebens sein, in dem Sie die Trauer überwinden werden. Wann dann der Zeitpunkt gegeben ist, sich auf einen neuen Partner einzulassen, hängt von vielen Aspekten ab ...

Wann ist die Zeit für eine neue Liebe reif?

Sind Sie sich unsicher oder erachten Sie Ihre Trauer als zu präsent, dann sind Sie nicht bereit, sich auf eine neue Liebe einzulassen. Sich schnellstmöglich in eine neue Beziehung zu stürzen, wäre nur ein weiteres Instrument der Trauerverdrängung. Zudem würde es die Bedeutung des Wortes „Liebe" reduzieren. Damit ist gemeint, dass durch Ihre Beziehung und die große Liebe zu Ihrem verstorbenen Partner das Wort „Liebe" eine tiefgründige Bedeutung hatte: Es stand für tiefe seelische und körperliche Verbundenheit, für Treue, ebenso für gegenseitige Unterstützung, für Leidenschaft in der gemeinsamen Interaktion und für noch so vieles mehr. Eine solche Bedeutung des Wortes „Liebe" erfahren nicht alle Menschen in Ihrem Leben, was sich beispielsweise an den vielen Scheidungen oder unglücklichen Ehen zeigt. Sie hatten eine fantastische Liebe. Sollten Sie die Trauer durch einen neuen Partner verdrängen, würden Sie die Bedeutung der Liebe für sich persönlich reduzieren. Die Liebe wäre nicht mehr an eine tiefe Verbundenheit geknüpft, sondern eventuell an Trost oder andere wenige Faktoren.

Verarbeiten Sie deswegen zuerst die Trauer, und lassen Sie dann eine neue Liebe zu. Sie werden fühlen, wann der Zeitpunkt dafür der richtige ist. Der Vorteil, den Sie haben, ist, dass Sie nach Ihrer tiefen Liebe zu Ihrem verstorbenen Partner wissen, was wahre Liebe ist. Dies ist – dem Verlust zum Trotz – ein Geschenk. Denn zahlreiche Personen irren ihr ganzes Leben umher und suchen nach der wahren Liebe, ohne dieses Gefühl zu kennen. Kommen sie mit einem Menschen zusammen, wissen sie nicht, was sie wirklich für den Menschen empfinden. Wieder einige Menschen lassen die Liebe gar nicht zu, da sie Angst haben, was das Gefühl mit ihnen verursachen könnte. Letzten Endes definiert jede Person die Liebe für einen Menschen anders, doch Sie wissen, was Liebe für Sie persönlich bedeutet und was sie in Ihnen bewegt.

Lassen Sie sich mit dem ersten amourösen Abenteuer und der ersten Beziehung nach Ihrem verstorbenen Partner Zeit. Seien Sie sich sicher, dass die neue Person, die Ihr Herz umwirbt, ehrliche Absichten hat und zu Ihnen passt. Ist der Zeitpunkt mit der neuen Person gekommen, in dem Sie sich der Person hingeben möchten, dann geben Sie sich einen Ruck. Denn diesen wird es brauchen: Nach dem ersten Kuss, dem ersten Sex, der ersten Annäherung und/oder weiteren Interaktionen mit Ihrer neuen Liebe werden Sie womöglich Schuldgefühle haben. Dies ist dadurch zu erklären, dass Sie zwischen zwei Leben gefangen sind: Einerseits dem Leben mit Ihrer früheren Liebe, die immer noch einen starken Einfluss auf Sie ausübt, andererseits dem Leben mit der neuen Liebe.

Hier treffen ...

- ❖ Vergangenheit und Gegenwart
- ❖ Erinnerungen und Momente
- ❖ Vorstellung und Realität

... aufeinander.

An dieser Stelle darf der Tipp erwähnt werden:
Leben Sie die Gegenwart und genießen Sie die Momente, die Ihnen die Realität schenkt.

Was Sie in der Vergangenheit hatten, werden Sie in Ihren Erinnerungen behalten und im Rahmen Ihrer Vorstellungskraft regelmäßig aufleben lassen. Im nächsten Kapitel, in dem Sie Ihr neues Leben dankbar anzunehmen lernen, werden Sie Näheres dazu erfahren, wie Sie diesem einen Drang in sich widerstehen, der Ihnen Angst, Schuldgefühle oder andere hemmende Emotionen bereitet. So wird der Weg für eine neue Liebe frei.

> **Hinweis!**
>
> Insbesondere inmitten der Trauer kann es sein, dass Sie durch Ihre Verletzlichkeit eine Anziehungskraft auf Personen ausüben. Dies können gleichermaßen emotional starke Personen wie Personen sein, die sich auch in einem Trauerzustand befinden. Kommunizieren Sie Ihre Situation von vornherein klar und sagen Sie, dass Sie sich in Trauer befinden. Dabei geht es gar nicht darum, peinliche Missverständnisse zu vermeiden. Es ist wichtig, bereits vorab zu erklären, dass es bei Ihnen zu Stimmungsschwankungen kommen kann und Sie sich möglicherweise gegenüber der jeweiligen Person, die Gefühle für Sie entwickelt, unüberlegt verhalten.

Der Tod – Durch einfache Worte entzaubert ...

Das Kapitel *Die Entzauberung des Todes* (verfasst von Jürgen August Alt) und veröffentlicht im Werk *Nimm den Tod persönlich* (Roth & Schwikart, 2009) liefert die Basis für diesen abschließenden Abschnitt vor der Zusammenfassung des gesamten Kapitels.

Der Tod hat ebenso wie das Leben eine lange Geschichte. Sie findet wie das Leben ihren Ursprung mit der ersten Spezies, die sich des Todes und dessen Bedeutung bewusst werden konnte. Dies waren dem wissenschaftlichen Einvernehmen nach wir Menschen. Wissenschaftliches Einvernehmen – nach diesem ging es in der Geschichte des Todes nicht immer zu. Genau genommen ist erst seit wenigen Jahrhunderten eine wissenschaftliche Sichtweise eingekehrt. Davor rankten sich Mythen, Aberglaube und religiöse Widersprüche um das Thema Tod.

Ab dem 13. Jahrhundert wurde der Großteil der Menschen in Europa durch die Kirche beeinflusst. Die Menschen selbst, Analphabeten und ungebildet, glaubten an die Vorgabe der Kirche, dass es ein Fegefeuer gab. Damit war ein reinigendes Feuer gemeint, welches fernab von Himmel und Hölle lag. Es bildete einen Zwischenraum. In diesem Zwischenraum war es den Personen, die noch nicht rein und für den Himmel bereit sind, möglich, sich von den Sünden reinzuwaschen. Die Hinterbliebenen begannen also, zu beten. Es wurde behauptet, dass die Menschen den Toten aus der Zwischenwelt beggenen konnten. Erzählungen, sie würden auf dem Friedhof gemeinsam mit Dämonen spuken, waren ein fester Bestandteil des Glaubens der damaligen Menschen. Die wenigen Gebildeten in Universitäten stemmten sich vergeblich gegen den Einfluss und die Macht der Kirche.

Mit der Reformation um Martin Luther änderte sich die Denkweise grundlegend. Er lehnte das Fegefeuer als Idee ab und setzte sich für eine distanzierte Betrachtung des Todes ein. Friedhöfe wurden deswegen vermehrt an Stadträndern errichtet. Mit dem zunehmenden Interesse an hygienischen

Maßnahmen zur Verhinderung von Krankheiten nahm die Distanz zum Tode zu. Nun rückte auch die Trauerfeier vom Grab weg. Der Verstorbene wurde beerdigt, die Trauerfeier an einem anderen Ort zu einer anderen Zeit abgehalten.

Einen weiteren Einfluss auf die Distanzierung zum Tod hatten schwere Krankheiten und Massensterben, wie z. B. durch die Pest. Diese hatten sowohl das gewöhnliche Volk als auch den Klerus über mehrere Jahrhunderte dazu animiert, nach Erklärungen zu suchen, die von der Bestrafung durch Gott bis hin zu absurden Pesthauch-Theorien führten. Die gebildeten Eliten entwickelten eine verstärkt wissenschaftliche Haltung, die den Startschuss zur heutigen Zeit bildete:

- Es entstehen Forschungseinrichtungen
- In Wien und darüber hinaus werden Gesundheitssysteme etabliert
- Erste verpflichtende Impfungen für die Bevölkerung werden installiert
- Die Autorität der Kirche nimmt ab
- Zuversicht und Erfolg bei der Bekämpfung von Krankheiten nehmen zu

Parallel dazu wird Wissen begehrter und der Masse zugänglicher. Alphabetisierungsprojekte legen den Grundstein, die freiere Denkweise der Menschen ist losgekoppelt von Aberglauben und bildet mit dem persönlichen Forschungsdrang ein weiteres wichtiges Element der Popularisierung des Wissens.

Heute ist die wissenschaftliche Herangehensweise gang und gäbe. Dies schließt den Glauben nicht aus, was sich darin widerspiegelt, dass zahlreiche Gläubige wissenschaftlich interessiert und viele Wissenschaftler zugleich gläubig sind. Der Urknall schließt die Geschichte über Adam und Eva ebenso wenig aus wie der Tod eine weitere Existenz im Himmelreich ausschließt. Sämtliche Blickwinkel haben allerdings etwas gemeinsam: Der Tod wird als etwas Natürliches erachtet. Vereinzelt wird nach dem Sinn des Todes gesucht, aber außer dem Sinn, den wir dem Tod eines Menschen im Nachhinein geben, lässt sich bisher kein Sinn nachweisen.

Mit dem Leben wiederum gestaltet es sich anders: Hier entscheiden wir selbst, was wir tun, wie wir es tun und allem voran, was wir nach uns auf der Erde hinterlassen. Diese simple Tatsache entzaubert die Bedeutung des Todes und führt zu einer wichtigen Frage: Ist es notwendig, dass wir dem Tod eine Bedeutung beimessen? Was kommen mag, das komme. Aber wir sind auf der Erde und bestens damit beraten, unser Tun nach unseren Glaubenssätzen fortzusetzen. Niemand kann dem Tod ausweichen. Wir lernen, ihn zu beeinflussen und das Leben durch einen gesunden Lebenswandel und die Medizin zu verlängern. Aber dass der Tod eintritt, ist gewiss. Dementsprechend darf es nicht unser Ziel sein, dem Tod nachzutrauern, nach Fegefeuern, transzendentalen Erklärungen oder sonstigen Phänomenen zu suchen. Vielmehr sollten wir dem einzigartigen und inspirierenden Leben, das vor dem Tode stand, Respekt zollen und diesem gedenken. Dieses Leben eines Nahestehenden hatte den Sinn, etwas zu bewegen und zu hinterlassen. Wenn es diesem Sinn nachgekommen ist – welcher Sinn es im Genaueren auch gewesen sein mag – dann spiegelt sich dies in den Taten, Worten und Gedanken der Hinterbliebenen wider. Und das – die Aktivität und das Weiterleben der Hinterbliebenen ohne Trauer, sondern mit der Freude, ein faszinierendes Leben begleitet zu haben – ist das größte Geschenk, das wir einem verstorbenen Menschen machen können!

Zusammenfassung: Flexibilität als Schlüsselgröße

Die Wege zur Trauerüberwindung gehen in die verschiedensten Richtungen. Von psychotherapeutischen Methoden über Ansätze zur Änderung der Lebensweise bis hin zu hilfreichen Medien und persönlicher Aktivität. So vielschichtig wie die Methoden sind, ist auch der Trauerprozess an sich. Während in der ersten Trauerphase wohl keine der Methoden hilfreich ist und Sie dazu neigen werden, diesen Ratgeber in einer Ecke Ihres Bücherregals verstauben zu lassen, erweisen sich in den weiteren Trauerphasen die einzelnen Methoden mal mehr, mal weniger als nützlich. Da sich die Situation von einem Tag zum anderen ändern kann und meistens ändert, ist es Ihnen empfohlen, sich jeder Methode mehrmals zu verschiedenen Zeitpunkten zu widmen. Das wichtigste Element haben Sie bereits durch den Trauerprozess an sich: Flexibilität. Da die verschiedenen Trauerphasen und deren Emotionen Sie flexibel machen, wird früher oder später jede der vorgestellten Methoden Ihre Wirkung haben. Gehen Sie im Trauerprozess stets nach Ihrem inneren Gefühl, welches Ihnen zuverlässig aufzeigen wird, welche Methode geeignet und richtig ist. Es ist nicht die Rede davon, dass es einfach sein wird. Aber es wird sich lohnen ...

Das neue Leben dankbar wahrnehmen

Dass nach einem abgeschlossenen Trauerprozess direkt der Start in ein neues Leben ohne Hindernisse erfolgt, ist unwahrscheinlich. Obwohl sich die ehemals trauernde Person absolut bereit fühlt, steht ihr eine gewisse Angst im Wege; es ist die Angst, die verstorbene Person in einem Leben ohne Trauer zu vergessen. Wieso diese Angst unbegründet ist und wie es Ihnen gelingt, Ihre durch den Trauerprozess geänderte Persönlichkeit in einem neuen Alltag widerzuspiegeln, ist Gegenstand dieses Kapitels. Außerdem erhalten Sie Tipps, wie Sie mit dem wertvollsten Gut, dass den Menschen auf diesem Planeten gegeben ist, am besten umgehen. Mit diesem Gut ist die Zeit gemeint.

Keinen Platz der Angst!

Ein Grund, weswegen sich viele Personen auch nach der Akzeptanz des Todes eines geliebten Menschen scheuen, das neue Leben dankbar wahrzunehmen, ist die Angst vor dem Vergessen. Damit ist gemeint, dass im Trubel des Alltags, der neuen Interessen und der täglichen Herausforderungen die Erinnerung an die verstorbene Person in Vergessenheit gerät. Selbst, wenn jede Faser des Körpers nach einem Eintritt ins Leben schreit und die Trauer hinter sich gelassen wurde, sind bei einigen Personen noch diese paar Restgedanken präsent, an die sie sich klammern und wegen derer sie sich weigern, sich dankbar dem Leben zu widmen: *Was ist, wenn ich mit der Zeit den Verstorbenen vergesse? Was ist, wenn ich mich vergesse und ebenso meine Identität, indem ich mich von der Trauer und den vielen Gedanken an die geliebte Person trenne? Was sagt es über mich aus, wenn ich die Person vergessen und egoistisch mein Leben genießen sollte?*

Alles in allem sind diese Gedanken natürlich. Diesen Gedanken lässt sich sogar Positives abgewinnen: Denn offensichtlich ist die Liebe derart stark, dass sie sich sogar nach der erfolgreichen Trauerverarbeitung danach verzehrt, beim Verstorbenen zu bleiben. Doch seien Sie sich sicher: Insbesondere dann, wenn Sie diese Gedanken haben, werden Sie die verstorbene Person definitiv nie vergessen.

Aber ob mit diesen Gedanken oder ohne, Sie durften lernen, dass Ihnen eine wichtige Person in vielfacher Hinsicht bestehen bleibt. So haben Ihnen die einzelnen Wege zur Trauerbewältigung beigebracht, beispielsweise Erinnerungsfeiern abzuhalten. Ein Arm- oder Halsband, welches Sie von der verstorbenen Person tragen, wird ebenfalls der bindende Anker sein, der Ihnen beim Erinnern definitiv helfen wird. Die Natursymbolik hat eine immense Bedeutung und schickt Ihnen gelegentlich besondere Zeichen. Haben Sie beispielsweise für sich beschlossen, dass die am Morgen durch das Fenster scheinende Sonne ein Zeichen des Verstorbenen ist, der Sie liebevoll begrüßt, dann werden Sie sich natürlich am Anfang der Trauerverarbeitung stärker dran klammern als in fünf oder zehn Jahren, sobald Sie die Trauer schon längst überwunden und ein neues Leben gestartet haben. Doch einer Sache dürfen Sie sich auch an dieser Stelle sicher sein: Es wird den ein oder anderen Morgen geben, an welchem die Sonne ganz besonders stark scheint, was sogar im Winter der Fall sein kann. Exakt in diesem Moment werden Sie sich wieder zurückerinnern und mit einem Lächeln denken: „Ja, mein Partner ist da."

Abseits der Natursymbolik und den vielen anderen Ritualen, Methoden sowie weiteren Aspekten werden Sie aber aufgrund einer weiteren Tatsache die Person nicht vergessen, die Ihnen so viel bedeutet hat: Der Gedanke an diese Person ist tief in Ihrem Unterbewusstsein verankert. Das Unterbewusstsein vergisst nie, da in diesem die Summe aller Erfahrungen, Erlebnisse, Glaubenssätze und weiteren Ideale sowie persönlichen Eigenschaften zusammenfließt. In Ihren Handlungen und ebenso im Denken wird sich dies widerspiegeln.

Fühlen Sie sich frei, das kleine bisschen Angst vor dem finalen Sprung zu überwinden. Sie möchten springen und wissen, dass Sie viele schöne Dinge im Leben und auf der Welt erwarten. Geben Sie diesem Willen nach, denn auch dieser Wille entspringt dem Unterbewusstsein, welches in all dem Trubel der Trauer die konstante Größe Ihres menschlichen Seins ist. Sobald Sie gesprungen sind, werden Sie alles haben, was Sie für Ihren weiteren Weg brauchen.

Wie gestalte ich meinen weiteren Lebensweg?

Richard Bandler, einer der Begründer des im Buch bereits vorgestellten NLP, sagte einst: „Life is not about finding yourself, life is about creating yourself." Ins Deutsche übersetzt bedeutet dies, dass es im Leben nicht um Selbstfindung geht, sondern darum, sich selbst zu **er**finden. Über diese Aussage lässt sich streiten und es soll keineswegs ein Plädoyer gegen die Selbstfindung als spirituellen Akt erfolgen. Es geht an dieser Stelle – wie üblich in diesem Ratgeber – um eine von vielen möglichen Sichtweisen, die Ihnen Perspektiven aufzeigt. *Wieso kommt ausgerechnet der Anreiz, sich selbst zu erfinden, an dieser Stelle?*

Grund dafür ist, dass Sie durch den Verlust eines geliebten Menschen den Trauerprozess sowohl als Entwicklungsprozess erfahren haben als auch die zahlreichen Erkenntnisse aus der Beziehung zu dem Menschen als Erfahrungsschatz gewonnen haben, der Ihnen mehr Mittel zur Verfügung stellt, sich selbst zu erfinden, als Sie vorher hatten. Sie entdecken in sich eine Stärke, derer Sie sich zuvor noch nicht bewusst waren. Zudem finden Sie heraus, wie wichtig Beziehungen zur Familie und anderen Menschen sind. Dass entsprechende Beziehungen wichtig sind, wissen Menschen bereits vorher. Aber **wie wichtig** diese Beziehungen **für einen persönlich** sind, wird meist erst dann klar, wenn ein Verlust eintritt, der aufzeigt, was man neben dem Menschen zusätzlich verloren hat.

> **Übung!**
> Schreiben Sie die Namen aller Menschen auf, zu denen Sie eine enge Beziehung haben. Wie Sie „eng" in diesem Kontext definieren, bleibt Ihnen überlassen. Sobald Sie die Namen dieser Menschen aufgeschrieben haben, notieren Sie als zusätzliche Informationen zu diesen Menschen je drei Eigenschaften, die den Charakter der Menschen widerspiegeln und beschreiben, weswegen Ihnen die Menschen besonders wichtig sind. Dies ist keine Aufgabe für eine Stunde, sondern eine, die mehrere Tage dauert und die Liste mit jedem Tag größer werden lässt. Nehmen Sie sich Zeit und schreiben Sie Dinge auf, die nicht offensichtlich sind. Hiermit sind Dinge gemeint, die tief ins Zwischenmenschliche gehen. Sagt Ihnen beispielsweise der Humor der Person zu, dann schreiben Sie auf, in welchen Situationen dies der Fall ist und welcher Art der Humor ist: Sind die ironischen Kommentare perfekt platziert oder ist es die trockene Art von Humor, welche die Person auszeichnet? Nach dieser Übung werden Sie die Einzigartigkeit Ihrer Liebsten noch besser kennen als bisher und Ihre Liebsten maximal wertschätzen. Sie werden jeden Moment der gemeinsamen Zeit besser ausnutzen können, was immens wichtig ist. Denn wie Sie wissen, ist die Zeit nur geliehen, wenngleich es die beste Leihgabe im eigenen Leben ist.

Dies ist ein Beispiel, wie Sie Ihren Lebensweg am besten gestalten. Suchen Sie sich eine Erfahrung heraus, die Sie im Laufe des Trauerprozesses gemacht haben, und überlegen Sie sich, wie Sie diese bestmöglich in Ihrem Leben beherzigen können. Haben Sie erkannt, dass es Ihnen Freude bereitet, sich sozial zu engagieren, weil dies der verstorbenen Person besonders lag, und darin ein neues Interesse gefunden, dann ist wichtig, dass Sie dieses soziale Engagement in Ihren Alltag integrieren. Es ist nun Teil Ihrer nach dem Trauerprozess veränderten Persönlichkeit. Dieser Persönlichkeit sollten Sie durch einen neuen Alltag Raum zur Entfaltung geben, da Sie ansonsten zu Unzufriedenheit neigen werden. Sie müssen weder Ihr ganzes Leben auf den Kopf stellen noch an zahlreichen Stellschrauben drehen. Aber hören Sie auf das, was Sie im Laufe des Trauerprozesses gelernt und vielleicht sogar im Tagebuch aufgeschrieben haben. Bauen Sie nach und nach die Veränderungen in den Alltag ein, angefangen bei dem für Sie wichtigsten Punkt.

Nehmen Sie sich Zeit – zum Denken, zum Handeln – und tun Sie alles mit positiver Einstellung!

Die Zeit ist das wertvollste Gut. Würde sie zum Verkauf oder zur Investition stehen, würden sämtliche Personen, die ausreichend Geld haben, in die Zeit investieren. Leider unterliegt das „Ausnutzen der Zeit, die einem gegeben ist" heutzutage vermehrt einer falschen Auffassung. In der schnelllebigen Gesellschaft lernen wir, dass die Zeit dann optimal genutzt wird, wenn wir möglichst viel in Bewegung sind und Produktivität an den Tag legen. Dabei wird Produktivität anhand des Erfolgs, des Vermögens, der Besitztümer und vieler oberflächlicher Dinge bemessen.

Dass es ein sinnvolles Ausnutzen der Zeit sein könnte, wenn wir uns einfach hinsetzen und den Moment genießen, kommt nur einem geringen Anteil der Bevölkerung in den Sinn. *Welche Perspektiven hat es, zu arbeiten und zu „funktionieren", wenn dadurch das Leben an sich verpasst wird?*

Wir sind die Summe dessen, was uns prägt. In diesen Bereich fallen womöglich Vorbilder, Arbeit sowie Hobbies. Doch angefangen hat es stets mit den Menschen, die die Entwicklung verschiedenster Interessen bei uns gefördert haben und unseren Charakter beeinflussten. Anfangs waren es rein die Eltern, dann vermehrt engere Familienmitglieder, im weiteren Verlauf unsere Freunde und, sobald wir erwachsen sind, kommen der Partner, Kinder sowie die Arbeit hinzu. Die Arbeit ist wichtig, keine Frage. Doch so wichtig, wie man es sich häufig vorlügt, ist sie nicht. An dieser Stelle ist die Frage angemessen: Wann war ich glücklicher? Als mich die Menschen geprägt haben und ich mich mit ihnen befassen konnte, oder als mich die Arbeit prägte? Diese Frage wird als ein Denkanstoß gegeben, über den Sie gern nachdenken dürfen, wenn Sie möchten.

> **Hinweis!**
> Die Familie vermag es, sogar existenzielle Sorgen einzudämmen. Der Film *John Q – Verzweifelte Wut* erzählt die Geschichte eines Vaters (gespielt von Denzel Washington), der sich aufgrund des geringen Einkommens und bestehender Schulden Sorgen um seine Familie macht. Doch sein geliebter Sohn ist in der Lage, ihn jedes Mal zum Lachen zu bringen. Als sein Sohn erkrankt und eine Herztransplantation benötigt, die Vater und Mutter nicht finanzieren können, verkaufen die beiden all ihr Hab und Gut und haben nur noch die Finanzierung der Transplantation im Auge. Als auch die verkauften Besitztümer nicht ausreichen, geht der Vater noch weiter und setzt durch eine Geiselname im Krankenhaus zur Erpressung einer Transplantation seine Freiheit und persönliche Zukunft aufs Spiel. Dass der Film ein Happy End hat, ist der Tatsache zu verdanken, dass es ein Film ist: Der Vater kommt nur für wenige Jahre ins Gefängnis und sein Sohn überlebt. Aber der Film mahnt: Wenn es ernst wird, sind die Menschen das wichtigste.

Es geht also letzten Endes darum, sich Zeit zu nehmen, von dem in der Gesellschaft häufig vorherrschenden

Produktivitätswahn Abstand zu gewinnen. Wundervoll verbrachte Zeit kann auch das gemeinsame Schweigen mit einem Menschen sein, der einem viel bedeutet, und für den man dasselbe empfindet.

Wenn Sie sich nun entscheiden, Handlungen zu vollziehen oder Gedankengänge zu hegen – das als letzter wichtiger Tipp mit auf den Weg – dann denken Sie immer positiv. Positives Denken meint hierbei, dass Sie **nie** eine Negation verwenden. Sätze wie „Ich werde nicht scheitern" mögen zwar der Bewertung des Ausgangs nach positiv sein, jedoch stellt die Negation das Unterbewusstsein vor ein Problem: Es nimmt die Negation nicht wahr. Dieses umgeht das kleine, aber wichtige „nicht" und schnappt lediglich das Schlüsselwort „scheitern" auf. So kommt es dazu, dass der Sinn der Aussage verfehlt wird. Sie scheitern dadurch nicht zwingend, aber Ihr tief in Ihnen befindliches Unterbewusstsein wird alles andere als vollends positiv gestimmt. Denken Sie deswegen immer „Ich werde es schaffen!" Dieser Satz ist eine der Botschaften, die Sie bei dem Übergang von der Trauer in ein neues Leben entscheidend unterstützen wird: Am Anfang, wenn Sie Angst haben, in das neue Leben zu treten, weil Sie die geliebte Person vergessen könnten, werden Sie es schaffen, das neue Leben zu meistern, und sich nach wie vor bestens an die Person erinnern. Bei der Integration Ihrer neuen Interessen in den Alltag werden Sie es schaffen, die Herausforderung zu meistern. Und zu guter Letzt werden Sie es ebenso schaffen, positiv zu denken und die Aufgaben im Leben richtig zu gewichten, um sich mal Zeit dafür zu nehmen, den Menschen zu begegnen, um außer der Arbeit oder anderen Aufgaben eine essenzielle Komponente des menschlichen Seins abzudecken: Das Gemeinsam-Sein.

Zusammenfassung: Leben Sie ein Leben mit neuen Bestimmungen und Erfahrungswerten!

Sie stehen vor einem Sprung, der Sie aus den Zweifeln befreit und Ihnen den Einstieg in ein neues Leben ermöglicht. Dieser

Sprung führt über einen kleinen Abgrund. Dieser Abgrund ist nichts im Vergleich zu den Abgründen, die Sie im Rahmen des Trauerprozesses mit Hilfe der Erinnerungen an Ihren Partner, der Mitmenschen und zahlreicher Aktivitäten überwunden haben. Sie wissen ganz genau, dass Sie diesen Sprung schaffen werden, aber eine gewisse Angst bleibt. Schütteln Sie diese unbegründete Angst ab, denn Sie haben nun alles, was Sie brauchen. Sie werden nie eine Person vergessen, die Ihnen wichtig war. Leben Sie Ihr Leben dank der neuen Erfahrungswerte und verleihen Sie diesem Leben die Bestimmung, die Ihrer Persönlichkeit entspricht. Diese Persönlichkeit kann sich im Verlauf des Trauerprozesses minimal oder stark verändert haben. In jedem Fall aber dürfen Sie stolz auf sich sein! Blicken Sie im Rahmen der vielschichtigen Erfahrungen durch und fokussieren Sie das, was Sie inmitten des Trauerprozesses als das für Sie Wichtigste ausgemacht haben. Dann werden Sie Ihr Leben optimal definieren und die Ihnen gegebene Zeit am besten nutzen; und zwar mit den Menschen, die Sie lieben.

Schlusswort

Der Weg, zu trauern, wird von jeder Person individuell begangen. Aller Individualität zum Trotz sind die zu durchlaufenden Phasen im Rahmen des Trauerprozesses bei nahezu jedem Menschen gleich: Am Anfang steht die Lethargie und ein der Depression ähnlicher Zustand, gefangen zwischen der Leugnung des Todes und der Tatsache, dass noch vor kurzem alles anders war. Diese Phase werden Sie zulassen müssen. Sollten Sie die Gelegenheit haben, sich vor der Beerdigung ausgiebig um die verstorbene Person zu kümmern, ist empfohlen, diese Gelegenheit wahrzunehmen: Von der Waschung des Körpers über dessen Einkleidung und eventuelle Beigaben im Sarg bis hin zu der Beerdigung an sich. Diese Maßnahmen greifen dem Trauerprozess voraus und helfen Ihnen, die erste Phase der Leugnung schnell zu überwinden oder gar auszulassen. Tote Menschen strahlen eine Ruhe aus und die Tatsache, sich vor der Beerdigung um den toten Menschen liebevoll zu kümmern, verhilft zur Akzeptanz des Todes.

Kommt die zweite Phase der Trauer mit dem Ausbrechen der Emotionen, so beginnt der eigentliche Trauerprozess erst: Wut, Angst, Schuldgefühle, Scham, Traurigkeit, Sehnsucht, Einsamkeit und viele weitere Emotionen können ineinanderfließen und es Ihnen schwer machen, Fuß zu fassen in der Außenwelt. Aus diesem Grund ist es wichtig, dass Sie sich nach der Beerdigung nach Möglichkeit mehrere Tage bis zu zwei Wochen lang eine Auszeit nehmen; eine Auszeit vom bisherigen Alltag und allem voran von der Arbeit. Es ist unmenschlich und kontraproduktiv, „funktionieren" zu wollen und die

Trauer zugunsten der Wiederaufnahme des Alltags zu verdrängen. Gewiss dürfen Sie ein bisschen arbeiten, wenn Sie merken, dass Ihnen dies guttut. Sie selbst fühlen und entscheiden, was das Beste für Sie ist. Aber nehmen Sie sich möglichst viel Zeit, um die Trauer und die Emotionen zuzulassen. Lassen Sie sich dabei insbesondere auf die Erinnerungen ein, die Sie überkommen und probieren Sie, diese Erinnerungen mit möglichst vielen Menschen auszutauschen, die ebenfalls Erinnerungen beisteuern können. Erinnerungen sind ein Schatz, der jede Person unsterblich macht. Ihr Partner lebt in Ihnen und in den vielen Personen, Ideen sowie Dingen, die sie hinterlassen haben, weiter. Erinnerungen werden anfangs immer schmerzhaft sein, doch mit der Zeit wird der Schmerz positiven Emotionen weichen: Der Freude, dem Stolz, der Anerkennung. Sehnen Sie sich nach einer Zukunft mit dem Partner, dann führen Sie sich vor Augen, dass Ihr Partner Sie nach wie vor begleiten wird. In den wichtigsten Aspekten des Lebens wird er in Ihrem Herzen bei Ihnen sein.

Nutzen Sie die Wege zur Trauerverarbeitung, die Sie kennengelernt haben, in einem Ihnen zusagenden und umsetzbaren Maße: Feiern Sie Erinnerungsfeiern. Bereiten Sie die Geschichte Ihres Partners auf. Suchen und finden Sie Natursymbole, die Sie Ihr Leben lang begleiten werden. Lassen Sie sich auf neue Blickwinkel ein. Erlauben Sie Büchern, Filmen und Liedern, Sie zu inspirieren. Beachten Sie dabei stets die Geschichten der anderen Menschen, die in diesem Buch vereinzelt eingebracht wurden. So merken Sie, dass Sie nicht allein sind, sondern das Ihnen ereilte Schicksal jedem Menschen einmal oder mehrmals im Leben widerfährt. Dies ist kein Trost, aber eine Tatsache, die zum Weitermachen animiert. Denn wenn andere weitermachen, dann können auch Sie weitermachen.

Sobald Sie bereit sind, werden Sie diese Erkenntnis machen und in ein neues Leben starten wollen. Schütteln Sie den Rest an Angst ab und lassen Sie eine neue Liebe Einzug in Ihr Leben halten.

Sie werden die Ihnen geliebte Person immer im Andenken behalten. Andere Leute werden mit Ihnen auch in Jahren noch einzelner Ereignisse mit dem Verstorbenen gedenken – mal mit einem Lachen, mal mit einem Weinen. Denn so ist das Leben: Mal kommt es mit einem Lachen daher, mal mit einem Weinen. Mal hält es Gutes, mal hält es Schlechtes für Sie parat. Das Leben weht wie der Wind in alle Richtungen. Gewinnen Sie aus jeder Richtung das Beste und nutzen Sie die Zeit. Denn Sie wissen: Alles ist nur geliehen, dazu gehört ebenso die Zeit ...

Quellen

Literatur-Quellen:

Bessette, A.: *Weiß der Himmel von dir*. Frankfurt am Main: S. Fischer Verlag, 2012.

Bode, S.; Roth, D.: *Das letzte Hemd hat viele Farben – Für einen lebendigen Umgang mit dem Sterben*. Köln: Bastei Lübbe AG, 2018.

Kachler, R.: *Meine Trauer wird dich finden – Ein neuer Ansatz in der Trauerarbeit*. Freiburg im Breisgau: Herder Verlag GmbH, 2017.

Kast, V.: *Trauern – Phasen und Chancen des psychischen Prozesses*. Stuttgart: Kreuz, 1990.

LaCour, N.: *Ich werde immer da sein, wo du auch bist*. Frankfurt am Main: S. Fischer Verlag, 2017.

Roth, F.; Schwikart, G.: *Nimm den Tod persönlich – Praktische Anregungen für einen individuellen Abschied*. Gütersloh: Gütersloher Verlagshaus, 2009.

Terhorst, E.: *Alleine weiterleben – Wenn der Partner stirbt: Den heilsamen Weg der Trauer finden*. Freiburg im Breisgau: Verlag Herder GmbH, 2018.

Wobmann, F.: *Am Meer dieses Licht*. Zürich: Limmat Verlag, 2018.

Online-Quellen:

https://www.deutschlandfunkkultur.de/das-geheimnis-der-erloesung-heisst-erinnerung.1124.de.html?dram:article_id=253970

http://www.helpster.de/kerzen-ballons-steigen-lassen-verboten_221668

https://www.sueddeutsche.de/leben/trauer-wie-die-fuenf-weltreligionen-mit-dem-tod-umgehen-1.2371181

https://www.youtube.com/watch?v=mCfVGIfMq4k

https://www.spektrum.de/news/koennen-tiere-trauern/1655642

https://zeitzuleben.de/gehirnforschung-trauer/

https://lexikon.stangl.eu/1194/psychosomatik/

https://www.welt.de/gesundheit/psychologie/article148571273/Wenn-dich-die-Trauer-um-den-Verstand-bringt.html

https://zeitzuleben.de/gehirnforschung-trauer/

https://www.therapie.de/psyche/info/ratgeber/lebenshilfe-artikel/trauer/artikel/

https://www.ncbi.nlm.nih.gov/pubmed?term=%28O%27Connor%20M%5BAuthor%5D%20OR%20O%27Connor%20M%5BInvestigator%5D%29%20AND%202008%5BPublication%20Date%5D%20NeuroImage

https://www.spektrum.de/magazin/stress-und-hormone/820829

Quellen | 125

https://www.traudichreisen.de/angebot/reisen/pilgern-auf-dem-jakobsweg/

http://www.lebenstaenzer.de/

https://www.youtube.com/watch?v=RtuWo8ZIgvg

https://www.youtube.com/watch?v=xSWJBClrmgo

https://www.youtube.com/watch?v=vyQf9nB4eYk

https://www.susannealbers.de/literatur/Epiktetstoische-Moral.pdf

https://www.vernuenftig-leben.de/wie-du-jeden-verlust-gelassen-ertraegst/

https://trauerdrucksachen.info/blog/der-tod-der-eltern-gefuehle-umgang-mit-der-trauer/

www.ingramcontent.com/pod-product-compliance
Lightning Source LLC
Chambersburg PA
CBHW071354080526
44587CB00017B/3100